미래의 부자인 ＿＿＿＿＿＿＿＿＿＿＿＿＿ 님을 위해

이 책을 드립니다.

생각하면
생각대로 되는
꼬마빌딩
건물주 되기

생각하면 생각대로 되는
꼬마빌딩 건물주 되기

초판 1쇄 발행 | 2021년 10월 28일
초판 2쇄 발행 | 2021년 11월 05일

지은이 | 노병윤
펴낸이 | 박영욱
펴낸곳 | 북오션

편 집 | 권기우·유나리
마케팅 | 최석진
디자인 | 서정희·민영선·임진형
SNS 마케팅 | 박현빈·박가빈
유튜브 마케팅 | 정지은

주 소 | 서울시 마포구 월드컵로 14길 62
이메일 | bookocean@naver.com
네이버포스트 | post.naver.com/bookocean
페이스북 | facebook.com/bookocean.book
인스타그램 | instagram.com/bookocean777
유튜브 | 쏠쏠TV·쏠쏠라이프TV
전 화 | 편집문의: 02-325-9172   영업문의: 02-322-6709
팩 스 | 02-3143-3964

출판신고번호 | 제2007-000197호

ISBN 978-89-6799-614-7 (03320)

당신도 건물주가 되는 건 어렵지 않다

《합법적으로 세금 안 내는
110가지 방법》
저자의 20년 만의 신작

생각하면
생각대로
되는

노병윤 지음

꼬마빌딩
건물주 되기

북오션

취직 포기, 주택 포기, 결혼 포기.

소위 요즘 젊은이들은 이런 3포 시대에 살고 있다고들 합니다. 위대한 대한민국을 책임지고 이끌어나갈 미래 세대가 암울한 세상에서 희망을 품지 못하고 산다는 것은 젊은이들 개인적으로도 불행한 일이지만 국가나 민족의 운명에도 부정적이라는 것은 너무나 자명한 사실입니다.

체계적이고 계획적인 미래를 준비하지 못하고 '영끌'이니 '동학개미' 아니면 '코인대박' 등의 신조어를 양산하면서 투자하는 젊은 세대들을 보면서 늘 안타까운 마음이 들었습니다.

젊은 세대가 희망을 갖고 힘차게 웅비하여 국가와 민족의 무궁한 발전에 기틀을 다져야 한다고 늘 생각하고 있는 입장에서 이러한 현실은 너무 답답할 뿐 아니라 이렇게 계속 간다면 과연 나라의 미래가 어떻게 될 것인가 하는 두려움마저 듭니다.

마침 재테크 전문가이자 여러 대학에서 강의하며 많은 노하우를 갖고 있는 노병윤 전 외환은행 지점장이 '이런 어려움을 나름 쉽게 풀고, 나아가 젊은 세대들에게 꿈과 희망을 줄 수 있는 책을 써야겠다.'라는 생각을 갖고 상의하러 왔을 때, 물심양면으로 도와줄 테니 젊은이들과 함께 국가와 민족의 미래를 함께 창조해나간다는 사명감으로 정말 희망찬 이야기를 써달라고 간곡히 부탁한 적이 있습니다.

얼마 전 그때 상의했던 원고가 완성되었다는 소식을 접하고 얼마나 반가웠는지 모릅니다. 한 권의 책을 완성한 후배가 축하받을 만한 일을 해냈다는 것보다는 암울한 현실에 둘러싸여 있는 젊은 세대들에게 빛과 희망을 줄 수 있는 책이 세상에 나오게 되었다는 사실에 더 행복하고 즐거웠습니다.

젊은 세대가 재테크를 통해 안정적인 경제생활을 할 수 있도록 여러 아이디어를 접목했고, 특히 누구나 쉽게 실천해서 진정한 재산가의 반열에 오를 수 있게 써 내려간 것이 눈에 띄었습니다.

이 책은 부동산 관련 책으로 보이지만, 내용을 자세히 살펴보면 부동산에 대한 일반상식은 물론, 부동산을 구입할 자금을 모으는 방법 등을 사례별로 상세히 설명하고 있는 것이 천편일률적인 부동산 서적과는 달리 아주 신선하고 독특하며 새롭습니다.

특히 서둘지 않으면서도 우보천리로 목표에 도달할 수 있는 방법을 상세히 설명하여 재테크 초보자도 아주 편하고 쉽게 그 목표를 이룰 수 있게 한 것이 이 책의 강점이라고 생각합니다.

젊은 세대들의 입장에서 보면 지금의 현실은 어렵고 힘든 것이 사실입니다. 이러한 어려운 상황을 스스로 극복할 수 있도록 일상과 밀접하게 연관된 내용으로 미래 세대에게 희망을 줄 수 있는 책들을 많이 출간하여, 젊은 세대들이 껌껌한 어둠에서 헤매지 않고 목표를 세우고 정확히 그 목표에 도달할 수 있도록 돕는 것도 기성세대의 책임이라고 생각합니다.

그간 좋은 책을 만들기 위해 밤낮으로 애쓴 저자에게 격려와 칭찬을 드리며, 아무쪼록 이 책이 독자 모두에게 긍정의 신호를 줄 수 있는 선한 연결 고리가 되기를 기원합니다.

(주)대화강건 회장, (전)재경 대구경북시도민회 회장
전옥상

다재다능한 전문가

저자는 본인과는 구 외환은행에서 함께 근무하였던 동료이자, 평소 독특한 재주를 가진 점에 대하여 늘 관심을 갖고 있던 인생 동반자이기도 하다.

적어도 25년 동안 가까이서 보고 들은 저자는 독특한 아이디로 맡은 바 직무 수행은 물론 방송 출연 세무, 재테크 관련 책자 발간 등으로 저자가 가진 능력을 일반인들과 공유하려는 노력을 늘 수행하여 왔으며, 틈틈이 구 외환은행 동료들과 밴드를 결성하여 드럼을 담당하면서 자선음악회를 개최하고 또한 미술에도 조예가 깊어 전문 화가로 등단하기도 하였다.

이론적이면서도 현실적인 실속추구

다재다능한 능력을 기반으로 저자가 생각하는 재테크에 대하여는 이론에 바탕을 두면서도, 현실적으로 실현 가능한 재테크에 대하여 늘 연구하여 그동안 저서를 통하여 쉽고 재미있는 방법을 제시하여 온 바, 최근에는 '꼬마빌딩'이라는 수익성 부동산으로 재테크에 관심을 갖고 있는 독자들에게 다가왔다.

다양한 내용에 대한 호기심유발에 저자의 노하우 활용

일단 책을 들고 내용을 일람하면 다양한 내용을 저자만의 내공에서 나오는 흥미 있는 서술로 호기심을 유발하고 쉽게 이야기를 풀어나가는 노하우를 보게 된다. 그저 가볍게 읽는 동안 '꼬마빌딩'이라는 재테크에 다가서는 경험을 하게 될 것이다.

읽기 쉽게 기술한 '꼬마빌딩' 재테크

본인은 20여 년을 금융기관 근무, 또 20여 년을 세무사로서 세무업계에 종사한 경험으로 이번에 출간되는 저자의 세무 관련 내용을 감수했다. '꼬마빌딩' 투자에 필요한 세무 내용을 저자는 단계별로 설명하여 누구나 쉽게 이해할 수 있고 어렵지 않게 전체적인 세무사항을 파악할 수 있게 하였다. 누구나 꼬마빌딩을 마련하는 기회를 가질 수 있도록 충실하게 서술하였으므로 일독을 권한다.

세무법인 진명 세무사 박영문

책머리 단상

- 대박 나기
- 따상 축포
- 하늘 아래 건물주

요즘은 이런 것들이 세상을 살아가면서 꼭 이루고 싶은 로망이 되었다고 생각합니다. 물론 모두에게 이런 축복과 행운이 찾아온다면 얼마나 좋을까마는, 이런 꿈같은 행운이 많은 사람에게 찾아오지 않는다는 것이 부정할 수 없는 현실입니다. 행운의 주인공들처럼 세상을 좀 더 편하고, 좀 더 풍요롭게, 좀 더 여유롭게 즐기고 또 신나게 살아갈 수 있으면 얼마나 좋을까요. 더구나 요즈음은 평균수명이 연장되어 곧 100세 시대가 도래한다고 합니다. 짧지 않게 남은 생을 안락하고 편안하게 준비할 수 있는 이런 행운은 누구나 꿈꾸고, 이뤄내고 싶은 욕망입니다.

그러나 이런 달콤한 성취와 만족을 알면서도 꿈을 이루기가 무척 어렵기 때문에 자포자기하는 경우가 대부분입니다. 실제로 계획을 세워 도전하더라도 실행 과정에서 시행착오를 겪고 중간중간 실패에 따른 실망과 좌절의 고

통을 느끼기도 합니다. 그러다 보면 숨도 막히고, 답답도 하고, 힘들어서 중도에 그만두고 싶은 마음이 듭니다.

실패한 이야기가 많다 보니 도전은 물론 목표조차 정하지 않은 채, 강 건너 불 보듯 남들의 성공을 쳐다만 보는 경우도 많습니다. 하지만 행운은, 성공은 결코 쉽게 오지 않습니다. 무척 어렵고 만만치 않기 때문에 이뤄내기 위해서는 꾸준한 노력과 무한한 인내가 필요합니다.

요즘 유행하는 '욜로족'이나 '파이어족', '워라밸족'에게는 그네들의 인생관 때문에 이런 성공을 이뤄내는 것이 더더욱 어렵고 힘든 과제일 수 있습니다. 그러나 이런 삶을 추구하는 사람일수록 삶의 윤택함을 지탱해주는 가장 중요한 것이 경제적 토대임을 알아야 합니다.

경제적 토대란 지속적으로 수입을 보장해주는 도깨비 항아리와 같은 것인데, 자본주의사회에서는 이런 도깨비 항아리 역할을 하는 것으로 부동산, 그중에서도 임대수입이 나오는 건물을 꼽을 수 있습니다. 그러나 건물주가 된다는 것은 그리 쉬운 목표가 아닙니다. 아니, 쉬운 정도가 아니라 무척 어려운 목표입니다. 제대로 된 건물의 건물주가 되면 경제적으로 자유로운 노후가 보장되고 삶이 편안해진다는 것을 다들 잘 알고 있다 보니 그 꿈을 이루고자 수많은 사람이 도전에 나서기는 하지만 결코 성공하기가 만만치 않습니다.

그렇다 하더라도 해보지도 않고 포기하기에는 꿈이 너무 아깝지 않습니까?

목표를 정하고 실제로 도전해본다는 것. 그 자체에 큰 의미가 있다고 봅니다. 그리고 그런 목표를 향해 나선 수많은 도전자들과 목표를 설정해서 꿈을 이루겠다는 불굴의 개척자들에게 제대로 된 안내서를 제공해주어야 한다는 막중한 의무감과, 또 이런 미션을 잠시도 지체할 수 없다는 강박관념으로 펜을 들게 되었습니다.

노력 없이 성공할 수만 있으면 그보다 좋은 게 어디 있겠습니까? 그러나 그런 요행은 복권 당첨을 기대할 때나 있을 수 있는 것이지 경쟁이 치열한 재테크시장에서는 결코 통하지 않는 일입니다. 그렇기 때문에 많은 사람들이 차선책으로 '최소의 노력으로 최대의 효과를 거두는 길'을 선택하는 것입니다.

효율적으로 좋은 결과를 얻으려면 학교에서처럼 좋은 선생님을 만나고, 좋은 참고서를 만나야 합니다. 좋은 참고서를 보여드리기 위해, 또 꿈을 위해 노력하는 모든 분들이 성공적인 건물주가 되기를 진심으로 기원하는 마음으로 종잣돈 만드는 방법부터 종잣돈을 목돈으로 키워가는 사례 등 실제 상황에 맞춰 최대한 도움이 될 만한 내용과 아이디어를 접목하여 《생각하면 생각대로 되는 꼬마빌딩 건물주 되기》를 펴냈습니다.

재테크를 통해 나만의 건물을 만들어내는 사람은 진정한 영웅이라고 생각합니다. 비록 이 한 권의 책이 건물주가 되고자 하는 분들께 얼마나 도움이 될지는 알 수 없으나, 부디 작은 단초가 되어 우리 주변에 수많은 작은 영웅이 탄생하기를 기대해봅니다.

끝으로 어려운 상황에서도 이 책이 나오는 동안 기획·아이디어·편집에 이르기까지 물심양면으로 도움을 주신 북오션의 박영욱 대표님께 깊은 감사를 드립니다. 아울러 다방면에 걸쳐 조언과 격려를 해주신 주식회사 대화강건의 전옥상 회장님, 《저금리 시대의 알짜배기 재테크》의 저자 오정선 님께도 감사를 드리며 특히 음양으로 도와주시고 응원해주시는 어머니께 이 책을 올립니다.

꼬마빌딩의 수많은 작은 영웅이
탄생하기를 기대하며
노병윤

 CONTENTS

Chapter 1   우리는 왜 돈을 모을까?

Chapter 2   급격히 바뀌는 재테크 세상에서 살아남기

Chapter 3
재테크의 시작, 종잣돈은 어떻게 모을까?

Chapter 4
꼬마빌딩의 주인이 되기 위한 기초작업 스타트!

Chapter 5
실전! 꼬마빌딩 구입

Chapter 6
투자 금액과 시기에 따른 실전 투자 전략

Chapter 7
꼬마빌딩 구입 후의 관리법

경제적으로 안정되어 돈 걱정 없이 자연의 풍류를 즐기며 사는 삶. 오래도록 건강하고 때때로 아프더라도 병원에 거리낌 없이 갈 수 있는 삶. 아마 이런 삶을 위해 우리는 청년기, 장년기에 열심히 살아가는 것이 아닐까요? 그러나 자본주의사회에서 이렇게 살려면 '경제력'이란 능력을 갖춰야 합니다.

Chapter 1

우리는
왜
돈을 모을까?

살면서 꿈꾸고, 소망하고, 이루고 싶은 것은 사람마다 모두 다릅니다. 태어난 곳, 성장해온 곳도 다양하고 조상으로부터 물려받은 유전자나 DNA도 다르고 가정환경도 다릅니다. 또 성장하면서 마주하게 되는 학교, 직장, 전공과 그에 따른 만나게 되는 주변 사람들도 아주 다양하며 이들과 맺는 인간관계와 그로부터 만들어지는 삶의 철학이나 추구하는 방향성도 모두 다릅니다.

그러나 인간, 아니 모든 생명체가 공통적으로 추구하는 것도 있습니다. 한 생명체로서 존재하려는 본능에 의한 바람인데, 개인마다 조금씩은 다르지만 대부분 비슷합니다. 그것은 바로 다음과 같습니다.

- 편안함
- 안락함
- 건강함
- 안전함
- 존재감

바로 이런 것들이지요. 아마 누구나 바라는 것이라 쉽게 이해할 수 있을 것입니다.

이것은 유년기에서부터 청년기, 장년기, 노년기에 이르기까지 기본적으로 우리가 추구하고자 하는, 삶에서 얻고자 하는 욕구입니다. 특히 성년이 되고 보면 다들 젊음이 사라진 이후의 노년기를 어떻게 준비하느냐에 많은 관심을 두게 됩니다. 편안한 노후, 안락한 노후, 건강한 노후, 윤택한 노후를 추구하는데 좀 더 구체적으로 보면 이렇습니다.

- 경제적으로 안정이 되어 돈 걱정 없이 살고자 하는 마음
- 공기 좋고, 물 좋고, 사람 좋은 곳에서 풍류를 즐기고 싶은 마음
- 날마다 건강하여 질병이나 아픔으로부터 자유로운 노후

아마 이런 노후의 삶을 준비하기 위해 우리가 청년기, 장년기에 열심히 살아가는 것이 아닐까 합니다.

그러므로 현재 우리가 살고 있는 자본주의사회에서 이렇게 노후를 보내려면 그 무엇보다도 '경제력'을 제대로 갖춰야 합니다.

심리적 만족감을 주는 돈

　사람이 돈을 버는 이유를 구체적으로 따져 보면 생활에 필요한 자금을 확보하고, 취미생활을 하면서 인생을 즐기고, 그러면서 저축을 통해 언젠가는 마주하게 될 노후에 경제적 걱정 없이 살고 싶어서라고 하겠습니다.

　이외에도 남들보다 좀 더 멋지고 부유하며 윤택하게 사는 모습을 보여주고 싶다는 상대적 행복감도 돈을 버는 이유가 될 수 있습니다. 그러다 보니 일상적인 의식주를 해결하는 것 말고도 멋진 명품을 가지고 싶고, 고급 레스토랑 같은 곳에서 식사나 파티를 하고 싶어 하는 것이겠지요.

　건강을 위한 운동만 보더라도 남에게 과시할 만한 운동을 하러 럭셔리한 피트니스센터를 다니려 하고, 또 몸과 마음을 쉬기 위한 힐링 여행이라면 국내여행으로도 충분히 즐길 수 있지만, 굳이 SNS에 올리거나 보여주려는 식의 해외여행으로 눈을 돌리는 것도 이런 심리가 작동하기 때문에 그렇다고 볼 수 있습니다.

이런저런 이유로 사람들은 돈을 벌고 싶어 하고, 이왕이면 많은 돈을 벌고 싶어 하는 욕망이 생기는 것은 지극히 당연한 일입니다. 사실 상대적 만족감과 비교를 통한 우월감에서 생기는 행복을 느끼려고 하지 않는다면, 굳이 경제적인 문제에 크게 집착할 필요가 없다고 봅니다.

기본적인 의식주를 해결하는 차원에서 보면 평소 성실히 살아가는 사람은 생활비 등이 비록 풍족하지는 않아도 일상생활을 하는데 크게 지장이 없다고 봅니다. 또한 경제력이 상실되는 노후의 삶을 준비하기 위해 돈을 번다고 한다면 선진사회로 진입한 한국 사회는 정부가 안정적인 노후 보장까지야 못 해주더라도 사회복지제도, 국민연금 등 제도적인 방법으로 노후생활의 일정 부분을 지원하고 있습니다. 특히 전 세계적으로 인정받고 있는 우리나라의 건강보험 시스템 역시 편안하고 안락한 노후 보장의 디딤돌이 되는 것도 사실입니다. 더구나 경제활동을 하는 동안 주택이나 농지 등을 구입해놓았다면 노후에 주택연금이나 농지연금을 받을 수 있습니다. 즉, 한국 국민으로서 경제활동 기간 동안 국가에서 구축해놓은 안전망에 가입하고 성실히 유지해나간다면 기본적인 생활을 영위하는 데는 큰 무리가 없습니다.

그렇다면 많은 사람이 재테크를 통해 큰 부자가 되려는 숨겨진 이유는 과연 무엇일까요?

아마 재테크도 일종의 게임으로 보는 경향이 있기 때문이지 않을까 합니다. 우리가 가상현실인 게임에서도 이기고 싶어 하고, 이기고 나면 좀 더 강한 상대에게 도전하고, 또 거기서도 이기고 싶은 마음 때문에 게임에 빠져드는 것과 마찬가지로 재테크에서도 이런 승리자로서의 만족감을 얻기 위해 도전하고 또 성취를 갈구하는 것이 아닐런지요.

진정 돈이 필요해서 재테크를 한다면 필요한 만큼의 돈을 벌었을 때 거기서 멈추겠지만 우리 대부분은 좀 더 큰돈을 만들기 위해 재투자에 재투자를 계속합니다. 즉 이런 현상은 재테크도 일종의 게임으로 보고 그 재테크 게임에서 승리자가 되었을 때의 "이겼다. 승리했다!"에서 더 큰 성취감과 만족감을 위해 재테크에 계속 도전하는 것이라 생각해도 아주 틀린 말은 아닐 것입니다.

02

인정욕을 자극하는 돈

인간의 마음속에는 남에게 인정받고 싶은 욕구가 있고 그것을 이루기 위해 높은 지위에 오르고 싶은 심리, 좋은 평판을 듣고 싶은 마음, 가장 가까운 가족들로부터 능력 있는 사람이라고 인정받고자 하는 의식이 내재되어있는 것입니다.

과거 신분 사회였던 왕권 시대에는 인정받기 위해 신분과 지위를 올리는 것이었고, 그것을 성취하기 위해 많은 이들이 부단히 노력하고 애써왔습니다.

요즘 같은 시대에서는 주류가 자본주의이다 보니 성공의 척도가 신분 상승이었던 과거와 달리 얼마나 많은 돈, 많은 재산을 축적했는가로 바뀌었습니다. 많은 돈을 벌면 생활이 편리한 것은 물론 부수적으로 능력 있는 사람,

실력 있는 사람으로까지 인정받는 세상이 되었으니까요. 더구나 우스갯말로 요즘 "박사 위에 밥사가 있다."라는 말이 회자될 정도로 돈의 가치를 학식보다 높은 위치로 보기도 합니다.

'밥사'가 되려면 밥을 사려는 마음도 당연히 있어야지만, 거기에 상응하는 경제적 여유로움도 있어야 하니 그런 면에서라도 돈을 벌어 멋지게 쓰고 싶은 욕망이 생기는 것이라 볼 수 있습니다.

이렇듯 성공의 기준이 재산으로 바뀌다 보니 많은 사람이 기본적인 생활을 영위하기 위한 수단 확보의 의미로 돈을 버는 것 외에도 많은 돈을 벌어 "성공했다. 능력 있다."라는 말을 듣고 싶어 하는 것으로 바뀐 것도 재테크시장에 도전하는 꽤나 큰 이유가 됩니다.

성공적으로, 합법적으로 재산을 축적해온 사람은 선망의 대상이자 존경과 인정을 받는 시대가 되다보니 그 욕구가 더 커질 수밖에 없지 않겠습니까? 국민소득(GNI) 3만 달러 시대에 성공적인 재테크를 향한 도전은 생계형일 수도 있지만, 사회적으로 인정받고 존경받아 성공 신화를 이루고자 하는 또 하나의 도전으로 보는 것이 타당할 듯합니다.

03

삶에 안정감을 주는 돈

　세상을 살다 보면 꽤 많은 일을 돈으로 해결할 수 있다는 것을 경험해보았을 것입니다. 물론 돈으로도 해결할 수 없는 철학적 가치가 있는 것들도 있긴 하지만, 자본주의가 발전하면 할수록 돈으로 해결할 수 있는 문제나 돈으로 얻을 수 있는 가치가 커지리라고 확신합니다.

　돈이 있으면 편한 삶을 살 수 있고 좀 더 안락한 생활을 즐길 수 있습니다. 특히 MZ세대가 중요시하는 '욜로'에 부합되는 삶을 사는 데 있어 돈은 필수불가결한 존재입니다. 개인적인 삶을 성공적으로 살아내는 것뿐만 아니라 나눔의 아름다움을 실천할 수도 있고, 자녀가 있다면 좋은 환경에서 우수한 교육을 받도록 해줄 수도 있습니다.

　최근에는 자녀들조차도 부모님을 평가할 때 재산이 얼마냐에 따라 존경하는 정도가 달라진다는 이야기가 나오는 정도이니 돈의 가치는 나날이 높아진다고 볼 수밖에 없는 것 같습니다.

우리가 사는 자본주의사회에서 각종 곤란한 문제를 쉽게 해결하고 편리함과 윤택함을 보장해주는 중요한 요소가 돈이다 보니 돈에 대한 집착, 돈을 많이 벌고 싶어 하는 마음이 생기는 것은 당연한 일입니다.

외출할 때나 친구나 지인을 만날 때 지갑이 가벼우면 불안한 마음이 듭니다. 친구와의 시간을 마음 편히 즐길 수 없습니다. 실제 가지고 나간 돈을 다 쓰고 안 쓰고는 둘째 문제입니다. 내 지갑에 어느 정도 여유로울 만큼의 돈이 있어 밥 한 끼, 커피 한 잔 마음대로 사 먹을 수 있어야 사람과의 만남도 즐거워지고, 재밌는 시간을 보낼 수 있을 것입니다.

여행할 때는 그런 감정이 더욱 심화됩니다. 주머니나 지갑이 얄팍할 경우에는 여행지를 고를 때도 한계가 생기고, 목적지에 도착해서도 움직일 수 있는 범위가 좁을 뿐더러 늘 불안하고 자신감이 없어집니다. 많은 돈이 수중에 있다면 더 먼 곳까지 여행할 수도 있고 문제가 생기더라도 새로운 경험이라며 받아들이기 쉬워집니다. 반면 적은 돈을 가지고 안절부절못하며 좁은 반경만 돌아다니다가 돌아온 여행은 만족감이 떨어져 가지 않느니만 못한 경험이 되기도 합니다.

우리의 삶도 마찬가지입니다. 경제적으로 준비되어 있으면 같은 돈을 쓰더라도 여유 있고 마음이 편한 데 비해, 준비된 돈이 적을 때는 같은 돈을 쓰더라도 불안하고 돈을 쓰고도 소비에 대한 만족도가 현저히 떨어지는 것을 경험해본 적이 있을 것입니다. 같은 돈을 쓰더라도 안정감을 갖고 쓰면 느껴지는 여유로움이 더 큰 것입니다.

　이러한 안정감에 대한 욕구도 우리가 돈을 벌고 많이 모으려고 하는 이유 중의 하나입니다.

04

노후의 필수품, 돈

최근 뉴스를 보면 '파이어(FIRE)족'이라는 용어가 자주 등장하고 있습니다. 파이어라는 말은 '경제적 자립, 조기 퇴직(Financial Independence, Retire Early)'이라는 영어의 첫 글자를 따온 말입니다. 사회에 막 발을 들인 20대 직장 초년생 때부터 소비를 줄이고 저축을 늘려 은퇴자금을 마련하고, 30대 후반이나 늦어도 40대 초반에 직장을 그만두며, 그때부터 하고 싶은 것을 하면서 인생을 즐기고자 하는 사람들을 일컫는 말이지요. 말 그대로 경제적 안정을 확보한 후의 빠른 은퇴라는 뜻입니다. 이런 삶을 즐기기 위해 파이어족은 수입의 70~80%까지 저축하며 살아가기도 합니다.

특히 20~30대인 MZ세대를 중심으로 파이어족, 빠른 은퇴에 대한 관심이 높아지는 추세인데, 사실 이런 경향은 예전에도 있었습니다. 다만 과거의 파이어족은 젊은 시절에 많은 돈을 모아 빨리 은퇴한 후 인생을 멋지게 사는, 멋진 삶을 위한 '경제적 가치'에 주안점을 두었다면 요즘의 파이어족은 어느 정도 경제적 여유만 되면 빨리 은퇴하여 내 시간, 내 인생을 간섭없이 즐기자로 개념이 변했습니다. 멋진 삶을 위해 많은 재산을 모아야 했기 때문에 실제로 성공한 경우가 많지 않았던 과거와 달리, 최근의 파이어족은 기대하는 경제적 수준이 비교적 낮기 때문에 꽤 많은 사람이 젊은 나이에 은퇴하여 인생을 즐기고 있습니다.

굳이 파이어족을 거론하는 것 외에도 언젠가는 맞닥뜨리게 될 노후에 대한 부담감에서 해방되고자 젊어서 열심히 돈을 모으는 사람들이 많은 것도 오늘날의 현실입니다.

이 젊은이들은 국민연금이나 주택연금 등에 기대어 다소 궁핍하거나 절약하면서 살기보다는 좀 더 풍요롭고 여유롭게 살고 싶다는 욕망으로 재테크에 관심을 두는 경우가 대부분입니다. 불안정한 미래를 확실하게 보장할 수 있다는 점에서 돈은 정말 삶, 특히 노후생활에 있어 무척 중요한 요소입니다.

05

안정적인 생활과 건물주

앞서 우리가 왜 돈을 모으려 하는지 심리적, 현실적인 여러가지 이유를 알아보았습니다. 이제 여기서 한 발 더 나아가, 급격히 바뀌는 재테크 세상에서 좀 더 편하고 쉽게 돈을 벌기 위해서는 무엇이 필요한지 알아봐야 합니다. 그것을 통해 성공해야 안정적인 수입원을 갖게 되는 것입니다. 특히 은퇴 후 생활, 노후생활에 이런 경제적 안정감은 매우 중요합니다. 그래서 많은 사람이 편안하고 지속적인 경제적 안정을 유지하는데 안성맞춤인 '건물주'를 꿈꾸게 되는 것입니다.

많은 사람들이 추구하는 노후 생활 방식들의 유형을 정리해보면 다음과 같습니다.

- 건물주가 되어 안정적인 수입 얻기
- 물 좋고 공기 좋은 내 땅에서 아름다운 전원 즐기기
- 임대료 나오는 상가를 소유하여 고정적인 수입 얻기
- 국민연금, 주택연금, 농지연금, 장기보험 등의 금융 이자소득으로 경제적 안정감 얻기

지금부터는 이 유형들을 하나하나씩 살펴보고, 특히 왜 작은 빌딩이라도 소유하여 건물주가 되는 것이 재테크 중에서도 가장 성공적인 것이 되는지 알아봅시다.

건물주가 되어 안정적인 수입 얻기

주거안정과 임대수익 모두를 얻을 수 있기 때문에 빌딩을 소유하는 것은 많은 사람의 꿈이자 로망입니다. 노후에는 당연히 노동력이 떨어져서 경제활동을 통한 소득이 제한적이기 때문에 자산소득에 의존하여 살아가게 됩니다.

현금을 은행, 보험회사 등에 넣어두고 이자소득을 받는 방법이 있지만, 금융회사라 하더라도 높은 수익을 기대하면 그만큼 원금손실의 위험이 커져서 노후에는 부득이 저위험, 저수익 상품으로 운용하는 경우가 대부분입니다. 이런 경우 이자가 적은 것도 문제지만, 시간의 흐름에 따른 인플레이션으로 인해 내 현금 예금 자산의 가치가 하락하는 경우가 더 큰 문제입니다. 물가가 반영되지 않은 명목가치로는 똑같지만 물가 상승과 부동산 가격 상승으

로 인해 실질가치는 하락하는 일이 많이 발생합니다. 특히 저금리로 인한 완화된 금융통화정책의 기조가 유지되는 경우 자산가치의 하락 속도도 빠르고, 폭도 커져서 나날이 불안해지게 됩니다.

이렇다 보니 물가 상승 등에 있어 안전장치도 되고 금융회사의 수익률 또는 그 이상의 수익률이 보장되는 건물투자에 관심이 많아지는 것은 어떻게 보면 당연한 이치입니다. 문제는 건물 가격이 만만치 않다는 것입니다. 현재 시세만 놓고 봐도 서울을 중심으로 한 수도권에서는 최소 20억 원 이상의 자금을 마련해야 그나마 건물이라는 것을 구입할 수 있으니, 우리가 이 정도의 종잣돈을 모아 실제로 투자하는 것은 무척이나 힘들고 어려운 일입니다.

그럼에도 분명한 사실 한 가지는 건물투자가 많은 사람의 로망이자 소망이라는 것입니다.

내 땅에서 아름다운 전원 즐기기

전원생활을 꿈꾸는 마음은 누구에게나 있을 듯합니다. 특히 서울이나 수도권 또는 지방 대도시 등에서 주된 생활을 한 사람들의 경우, 그 욕망의 정도가 비교적 큽니다. 그러나 일정 수준의 생활을 유지하면서 전원생활을 시작하고 계속 영위해나간다는 것이 생각만큼 녹록지 않다는 것도 알아두어야 합니다.

전원생활 도전을 위한 준비 과정에서 꼭 알아두어야 할 것들을 잠깐 살펴봅시다.

첫 번째는 적정한 크기와 가격에 맞는 전원주택지를 알아보는 것입니다. 아울러 주택을 신축할 자금을 마련해두어야 합니다.

두 번째는 인연이 있는 지역을 찾는 것입니다. 또 그 지역의 생활환경, 문화 등을 어느 정도 알고 터를 확정해야 합니다.

세 번째는 위치입니다. 대도시 생활권과 최대 1시간 내외의 거리에 소재하는 것이 좋습니다.

네 번째는 편의시설 이용이 수월한 지역이어야 합니다.

다섯 번째로 전원생활은 생산이 아닌, 소비가 전제되는 생활임을 반드시 인식해야 합니다.

여섯 번째로 지방자치단체의 이주자에 대한 지원이 어떤 것이 있는지 알아보고 그 지원을 적극적으로 활용해야 합니다.

일곱 번째는 가족의 전폭적인 동의가 전제되어야 하므로, 미리부터 공을 들여야 합니다.

이외에도 여러 가지가 있겠지만, 특히 다섯 번째에서 언급했듯이 전원생활은 생활비가 아무리 적게 든다 하더라도 원칙적으로 소비가 전제되기 때문에 그것을 뒷받침해줄 경제적 여건이 필히 준비되어야 합니다. 귀촌해서 소득이 발생할 것이라 생각하여 농지를 사고, 전원주택을 짓는 데 가지고 있는 모든 자산을 투자해서는 안 된다는 것입니다. 전원생활을 하는 동안의 생활비는 별도로 마련하는 지혜가 필요한 것이지요.

아울러 전원생활을 즐기기 위해서는 전원생활의 기본 개념이 무엇인지 곰

곰이 생각해봐야 합니다. 전원생활은 그냥 호텔이나 팬션에 하루이틀 정도 머무르고 오는 것이 아니라 생활의 터전을 옮겨 사는 것입니다. 익숙한 곳으로부터 떠나 새로운 세상에 도전한다는 그런 개념에서 출발해야 합니다.

전원생활은 생활하던 곳을 처분하고 새로운 곳에 부동산 등을 구입하여 터전을 옮기는 것이기 때문에 실행 후에는 생각과 현실이 안 맞는다고 쉽게 번복할 수 없습니다. 그러니 시행하기 이전에 면밀히 검토하고 판단해야 하는 것입니다.

인근 주민과의 소통도 처음에는 쉽지 않고, 자연친화적인 환경은 있으나 문화생활 등의 편의시설이 많지 않을 수도 있습니다. 교류하던 지인들과도 멀리 떨어져있어 외로움을 느끼기 쉽습니다. 도시생활에 익숙한 사람이라면 전원 중심의 생활로 바꿔나가는 과정에서 수많은 시행착오를 겪습니다. 그러므로 예행연습차 이주하고자 하는 지역에 100일 살이, 6개월 살이, 1년 살이 등을 먼저 해보고 이주 결정을 해도 좋습니다.

지역주민들이 외지인에게 배타적일 수 있습니다. 도시 생활에 익숙한 사람들은 시골에 사는 사람들이 외지인에 대해 호의적이고 인심이 좋을 것으로 생각하는 경우가 많습니다. 그러나 그런 막연한 생각으로 왔다가 실제로는 그렇지 않다는 것을 겪고 많이 당황하게 됩니다. 시골에 거주하는 사람들은 대부분 오랜 기간 친분을 쌓은 가족 같은 분위기에서 사회관계를 유지하는 삶을 살고 있습니다. 특히 농사는 분업의 형태가 아닌 협업의 형태로 해낼 수 밖에 없어서 서로 도와주고 도움받는 것이 일상입니다. 그러니 일면식도 없는 외지인에 대해서는 별 관심도 없고 오히려 경계심을 가질 수도 있습니다. 거기다 그 지역의 정서와 다른 튀는 행동은 그들로부터 더욱 배타적 행동을 불러올 수 있기 때문에 각별히 유의해야 합니다.

그러므로 현지인이 같은 철학과 삶을 공유한다는 동질감을 느낄 수 있도록 지속적으로 노력하고 소통해야 합니다. 빠르게 지역주민과 화합하고자 한다면, 지역행사에 적극적으로 참여하고 또 기부나 찬조도 하면서 내 생활 패턴과 현지문화가 다르더라도 그 지역 문화에 하루빨리 적응하여 먼저 다가가려는 노력을 보여야 합니다.

또 전원생활에 맞는 취미를 많이 만들어야 합니다. 이전에 살던 곳에서는 여러 익숙한 일상들이 있어서 무료함을 느끼지 않았지만, 새로운 곳으로 삶의 터전을 옮겼을 때에는 예기치 않은 시간의 여유로움에 당황할 수 있습니다. 지루함을 느낄수록 이주에 대한 후회가 많아지고 그것이 쌓이게 되면 안정적으로 정착하지 못할 가능성이 높습니다. 소규모 농사, 인근의 자연 탐사, 새로운 등산 코스 개발, 문화센터 등의 각종 취미 교실에 참여하여 새로운 취미를 개발하는 한편, 그 모임에 참가하는 지역민들과의 교류를 활성하는 데 신경을 쓰면 좋습니다.

아울러 전원생활은 영원히 할 수 있는 것이 아니기 때문에 언제든지 매각하고 다시 옮길 수 있도록 환매성이 좋은 입지를 택하는 것도 중요합니다.

상가 등을 소유하여 고정적인 임대료 얻기

노후에 필요한 생활비 등을 안정적으로 충당할 수 있는 방법으로 상가 등을 매입하여 자금을 발생시키는 방법도 있습니다. 이 역시 건물주가 되는 것이라고 할 수 있습니다. 수익성 부동산 중에 그나마 적은 비용으로 구입할 수 있는 것으로는 오피스텔, 도시형 생활주택, 상가 등이 있는데, 오피스텔이나 도시형 생활주택 등은 주택으로 간주될 수가 있어 구입하거나 양도하는 경우 여러 제약이 따릅니다.

그나마 상가 등이 고정적인 수익을 기대할 수 있고, 매입매도시 제약을 덜 받아서 관심들이 많습니다. 다만 최근, 코로나19로 인한 비대면 시대의 도래로 일반적인 상가의 수익성이 많이 낮아지고 있는 실정이어서, 안정적인 노후자금을 기대하기 위해 상가를 취득하는 경우 세심한 주의가 필요합니다.

국민연금, 주택연금, 농지연금, 장기보험 등의 금융 이자소득으로 경제적 안정감 얻기

노후에 비교적 신경을 덜 쓰면서 경제활동에 밑천이 되는 수입을 얻고자 한다면 국민연금이나 공무원연금, 사학연금, 군인연금, 개인연금 등 연금소득이 답일 수 있습니다.

연금소득은 젊은 시절 경제활동을 하면서 강제적으로 가입한 (물론 임의적으로 가입한 연금도 있습니다만) 결과로, 일정 연령에 도달하면 연금관리 주체에서 지급해주기 때문에 비교적 편안하게 수입을 얻을 수 있습니다. 공무원연금이나 사학연금 그리고 군인연금 등에 비하면 국민연금은 수입 규모가 다소 적을 수 있으므로 개인연금 등으로 보조적 장치를 마련해둘 필요가 있습니다.

이외에 장기보험에 가입하여 일정 기간, 또는 평생 보험금을 연금처럼 수령할 수 있는 방법도 있습니다. 또 소유하고 있는 주택을 담보로 주택연금을 받을 수도 있고, 농지를 갖고 있는 영농인이라면 농지를 제공하고 농지연금을 받을 수도 있습니다.

목돈을 은행 등 금융회사에 예치해놓고 그 이자수익을 경제활동의 밑천으로 쓰는 경우도 있습니다.

노후를 준비하고 노후를 즐겁게 보내기 위한 방법 등을 알아보고 간단하게나마 문제점도 짚어보았습니다. 어떤 생활을 바라더라도 내 땅, 내 건물이 중요함을 아셨을 것입니다. 살펴본대로 힘은 들더라도 작은 건물을 통째로 구입해서 관리하고 노후를 보장받는 것이 가장 좋은 방법일 듯합니다.

물론 태생적으로 금수저이거나 아니면 신출귀몰한 재테크 실력으로 아주 큰 부자가 되어 빌딩도 있고, 별장도 있고, 요트도 있고, 또 해외 주거 공간도 있는 사람이 있을 수 있겠지만 이건 일반적인 사람들이 이뤄낼 수 있는 성과로 보긴 어렵기 때문에 우리가 할 수 있는 방법을 찾아가는 것이 현실성이 있을 것입니다.

이제 꿈의 목표를 '꼬마빌딩' 건물주 되기로 한정해서 그 꿈을 실현하기 위해 무엇을 어떻게 준비해야 하는지 열심히 연구하고, 고민하고, 계획하고, 실천해 보도록 하겠습니다.

새로운 것이 시장을 지배하는 세상에서는 어떤 패러다임을 갖고, 또 어떤 자세로 접근해야 재테크에서 진정한 승리자가 되는지 늘 고민할 수밖에 없습니다. 어렵고, 불확실하더라도 포기하지 않고 이뤄내겠다는 강한 의지를 갖고 배우고 도전한다면 분명 성공의 길을 찾고 진정한 승리자가 될 수 있을 것입니다.

Chapter 2

급격히 바뀌는
재테크 세상에서
살아남기

요즘 전통적이고 고전적인 재테크시장에서는 들도 보도 못한 해괴한 단어들이 많이 등장하고 있습니다. 이를테면 영끌(영혼까지 끌어모으다), 벼락거지(부동산, 주식 등의 자산 가격이 급등하여 부동산, 주식을 보유하지 않아 상대적으로 빈곤해진 사람들), 따상(상한가가 한 번 더 일어나는 것), 동학개미(국내주식에 투자하는 개인 투자가), 서학개미(미국주식에 투자하는 개인 투자가) 등등이 있지요. 이는 다시 말하자면 세상이 변화무쌍하게 바뀌고 있다고 뜻입니다. 이렇게 시시각각으로 변하는 세상에도 결코 변하지 않는 것! 그것은 바로 "돈을 많이 벌고 싶다.", "부자가 되고 싶다."라는 욕망이 아닐까 합니다.

아무리 세상이 바뀌고 시대가 변해도 이것만은 변하지 않는 명제이자 절대 불변의 진리라 할 수 있습니다. 그렇다면 세상 사람 대부분은 왜 "돈, 돈, 돈, 부자, 부자, 부자." 하며 살아갈까요? 또 돈에 사랑도 팔고, 목숨도 버리고, 우정도 배반하고, 가족 간의 우애도 포기하는 일들이 수시로 일어나는 걸까요?

지금 시대가 1960년대 이전의 시대처럼 절대빈곤의 '목구멍이 포도청(먹고 살기 위해 나쁜 짓 하다 포도청에 왔다는 의미)'인 시대여서 그저 먹고사는 것을 해결하기 위해서 "돈, 돈, 돈"하는 걸까요? 또 아이러니하게도 가난한 사람들보다 부유한 사람들이 더 돈에 집착하는 모습을 보게 되는데 그건 또 왜 그럴까요?

그 이유는 간단합니다. 일단 우리가 지금 어떤 시대에 살고 있는지부터 짚어보는 것이 좋을 듯합니다. 우리는 자본주의 시대에 살고 있습니다. 자본주의란 말 그대로 자본을 지상 목표로 정하고 운영되는 사회·경제 시스템입니다. 자본주의 시대를 살아가는 구성원이 자본주의사회에서 살아가려면 당연히 돈이 필요하고, 또 돈이 있으면 많을수록 좋다는 것을 알기 때문에 돈을 집착하게 되는 것을 쉽게 알 수 있습니다.

그러나 자본주의사회에서 돈을 벌고자 하는 마음만 갖고서는 자산을 모으기 쉽지 않습니다. 제한된 재화를 서로 갖겠다고 수많은 사람이 무한경쟁을 하고 있고, 더구나 수시로 바뀌는 재테크환경에서 승리자가 된다는 것은 무척 어려운 일입니다.

이처럼 무한 경쟁의 시장과 수시로 바뀌는 세상에서 어떤 패러다임을 갖고, 또 어떤 자세로 접근해야 진정한 재테크 승리자가 될 수 있는지 늘 고민할 수밖에 없습니다. 재테크 시장의 승리자가 되려면 기본적으로 어렵고 불확실하더라도 포기하지 않고 이뤄내겠다는 강한 의지를 갖고 배우고 도전하는 것입니다. 꾸준히 그렇게 한다면 분명 우리는 재테크시장에서의 성공의 길을 찾을 수 있고 이를 통해 안정적인 노후, 편한 생활 등이 보장된 진정한 승리자가 될 수 있을 것입니다.

재테크 성공은 영원한 미션

사람에게는 소유욕, 명예욕, 쾌락과 편안함을 추구하는 욕구 등이 있습니다. 이런 여러 형태의 심리적 욕구를 개별적으로 분리해서 설명하기는 무척 어렵고 힘들지만, 다음과 같이 간단히 정리해보겠습니다.

소유욕이란 무엇인가를 갖고자 하는 욕구입니다. 사랑을 얻고자 하는 욕구, 사회적 지위를 얻고자 하는 욕구, 자손을 얻길 바라는 욕구, 사회봉사와 배려를 통해 심리적 만족감을 얻고자 하는 욕구 등이 있지만 일반적으로 가장 큰 소유욕은 재물에 대한 소유 욕구라고 할 수 있습니다.

명예욕이란 남들로부터 인정받고 높은 명성을 얻었다는 성취감과 만족을 느끼고, 더 나아가서는 모든 이로부터 좋은 평판을 받고자 하는 욕구일 것입니다. 이 역시 큰 틀에서 본다면 소유욕의 한 범주에 들어간다고 볼 수 있겠습니다.

쾌락 욕구란 어떤 행위를 함으로써 엔도르핀이 돌고 심리적으로 높은 만족감을 느끼는 그런 욕구라 볼 수 있는데, 예를 들어 운동 경기에서의 다이내믹한 승리, 경쟁 우위를 점했거나, 승리했을 때의 짜릿함, 맛있는 것을 먹으면서 느끼는 식욕, 생리적 욕구 등이 있겠지요.

마지막으로 편함의 욕구란 심신의 힘듦이나 어려움 없이 편하고 안정적인 상태를 유지하고자 하는 욕구라 할 수 있는데, 경제적 안정의 욕구, 수면의 욕구, 휴식의 욕구 등을 예로 들 수 있습니다.

앞에서 잠깐 언급했지만 이런 욕구들을 경계를 나누어 명확히 정의 내리기 무척 어렵습니다. 개인의 취향과 신념 등에 따라 달라지기도 합니다. 이 수많은 욕구 중 자본주의사회에서 가장 쉽고 편하게 드러낼 수 있는 욕구는 아무래도 경제적 소유 욕구라 할 수 있겠죠. 그러다 보니 모든 사람이 '돈'을 로망으로 생각하고 '돈'을 벌고 모으는 것에 목을 매는 것이 아닐까 합니다.

일반적으로 돈이 많으면 일단 물질적으로 원하는 것을 대부분 가질 수 있어 편하고 삶의 만족감이 높아지고 나아가 정신적 만족도까지 상당히 올라갑니다. 특히 자본주의사회에서는 경제력을 인간 개개인의 능력을 평가하는 척도로써 삼는 것이 일상화되어있습니다.

물론 경제력만으로 명예나 인품을 살 수는 없고, 또 경제력과 인품에 절대적인 상관관계는 없습니다. 그러나 경제적으로 부유하면 일상에서 편안함을 누릴 수 있는 것은 분명한 사실입니다. 대인관계나 사회생활도 비교적 부드

럽게 유지할 수 있으며, 정신적, 정서적 만족감을 느낄 기회도 많아집니다. 이런저런 이유로 어릴 때부터, 특히 성년이 되면서부터 많은 사람이 경제적 능력자가 되려고 부단히 노력하는 것이 아닐까요?

요즘엔 중·고등학생들은 물론, 초등학생들까지도 재테크에 관심을 보이는 것을 볼 수 있습니다. 이런 현상은 한정되고 제한된 재화를 서로 갖으려는 경쟁이 그만큼 치열하고 나아가 재테크에서 성공하기가 상대적으로 아주 어렵다는 역설적 설명이 가능합니다.

우리는 재테크 시장이 약육강식, 무한경쟁, 적자생존의 시장임을 냉정히 인식하고 받아들여야 하고, 또 그래야만 힘들고 어려운 환경이 닥치더라도 슬기롭게 재테크의 성공 확률을 높일 수 있습니다.

02

어떤 방법으로 돈을 모을까?

경제적 능력자가 된다는 것, 다시 말해 돈을 번다는 것은 절대 쉽지 않음을 우리는 이미 잘 알고 있습니다. 그렇지만 어렵다는 이유로 노력마저 포기한다면 자본주의사회의 구성원으로서 살아가기 어려운 처지에 놓일 수밖에 없습니다. 그러니 어려운 상황이라 하더라도 효율적으로 돈을 벌고 모으는 데 있어 어떤 방법들이 있는지 알아보고 실천하는 것이 중요합니다.

우리의 목표인 재테크 성공 활동에 있어 가장 기본적으로 돈을 버는 방법과 돈 모으는 방법에는 어떤 것들이 있는지 알아봅니다.

취직을 하거나 사업하기

가장 일반적인 이 방법은 취직이나 사업활동을 통해 돈을 벌 수 있는 근로소득이나 사업소득이 있습니다. 이는 '사회생활을 시작한다.' 또는 '경제활동을 시작한다.' 말로 설명되는 돈버는 방법의 첫 걸음일 것입니다.

여기서 사회활동의 시작, 즉 경제활동을 시작하는 형태는 대부분 직장에 취직하는 것입니다. 열심히 일해서 월급, 즉 근로소득을 받게 되는데 이것이 재테크의 가장 기초적인 수입 원천이 됩니다.

직장에 취직하지 않고 개인적인 사업을 시작하는 경우도 있습니다. 사업을 함으로써 돈을 버는 경우, 그 소득을 사업소득이라 합니다. 역시 기본적인 수입의 원천이 되기는 합니다만, 안정적인 근로소득과 달리 사업의 성패에 따라 수입의 변동 폭이 매우 크다는 것이 변수입니다.

직장생활이든 사업을 영위하든, 사람의 능력과 노력 그리고 환경에 따라 수입에 차이가 있는 것은 당연합니다. 그래서 사람들은 같은 시간에 더 많은 수입을 얻기 위해 노력하고, 최선을 다하는 것입니다.

상속, 증여 등 다른 사람에게 공짜로 받기

"재산이 늘어났다." 그건 돈을 벌었거나 모았다고 할 수 있습니다. 그중에는 노력 없이, 또는 대가 없이 재산을 늘리는 경우도 있습니다.

생존해있는 사람으로부터 돈을 무상으로 받는 것. 아니면 부모님이 돌아가시면서 상속인의 자격으로 재산을 받는 것. 이런 증여 또는 상속은 무상으로 재산을 늘리는 한 방법이 될 수 있습니다.

상속과 증여. 보통은 부모님이나 조부모님 등 가족으로부터 받는 경우가 일반적입니다. 물론 여러 조건이 붙습니다. 이를테면 일단 증여자가 재산을 증여할 수 있을 정도의 재력가여야 할 것이며, 그런 분들이 자녀들에게 흔쾌히 증여하겠다는 의지가 있어야 합니다. 최근 많은 부모님이 자녀들에게 "우리는 신경 쓰지 마라, 우리 노후는 우리가 책임진다. 그 대신 너희들도 우리한테 기대하지 말라."고 말씀하십니다. "신경 쓰지 마라."는 말씀까지는 듣기 좋은데, "기대하지 말라."라는 말씀에는 조금 마음이 불안해집니다. 부모님이든 조부모님이든 시대가 바뀌면서 부모와 자식 간의 재산 증여 패턴도 조금씩 바뀌는 것 같습니다.

또 요즘은 평균수명이 늘어나고, 고령화 시대로 접어들다 보니. "부모님 재산은 자식이 쓰는 게 아니고 손주가 쓴다."라는 웃픈 이야기가 나오기도 합니다.

요즘 유증(遺贈)이나 사전증여도 많이 이뤄지고 있고, 상속재산이나 상속분에 대해서도 유언장 등에 고인의 의사를 구체적으로 표시하는 경우가 많다 보니 상속인 간에 상속재산의 차이가 왕왕 생깁니다. 이런 일로 가족 간에 분쟁이 벌어지는 일도 종종 일어나기도 합니다.

그래서 노력과 대가 없이 돈을 얻는 일은 편하고 쉬워 보이기도하지만 때로는 어렵고 힘든 방법이 될 수도 있음을 알아야 합니다.

로또 당첨이나 도박으로 돈벌기

로또 등 복권에 당첨된 경우는 복권을 구매하는 비용이 드니 무상으로 돈을 번다는 의미에 맞지 않는다고 할 수도 있습니다만, 투자 금액이 미미하니 당첨만 된다면 무상으로 돈을 벌었다고 해도 무방할 듯합니다.

로또는 당첨금이 거액이다 보니 복권 당첨으로 한순간에 벼락부자 대열에 들어서는 사람도 있습니다. 그러나 당첨 확률이 워낙 낮기 때문에 큰 기대를 안 하는 것이 맞습니다. 특히 이런 복권에 대한 기대치가 잘못된 방향으로 흐르다 보면 도박성으로 가는 경우가 있는데, 이것이 가장 위험합니다. 사설 도박업체나 인터넷 도박 외의 경마, 경륜, 카지노 등 사행산업도 결국은 도박으로 봐야 할 것입니다.

경마나 카지노처럼 법으로 허가되었다 하더라도 도박은 도박이기 때문에 재테크 성공 신화를 이루려는 사람들은 절대 손을 대서는 안 됩니다. 이것에 손을 대는 순간 재테크 성공 기대는 그 자리에서 물거품이 됩니다. 통상 투자라는 것은 재산의 확대·생산이 전제되는 것을 의미합니다. 그러나 경제적 가치가 확대되지 않는 도박은 하면 할수록 손해가 나며 또 재산 증식에 있어서도 가장 리스크가 큰 방법이기 때문에 절대 손을 대서는 안 됩니다.

각종 연금 수령하고 장기연금 보험금 받기

대한민국 국민은 국민연금공단의 국민연금에 가입하여 10년 이상 보험료를 납부한 뒤, 연금수급 개시연령(출생연도별로 다름)이 되었을 때부터 연금을 수령할 수 있습니다. 국민연금은 국가에서 국민의 기본적인 노후 생계를 보장해주기 위해 운영하는 생활안정제도입니다. 저소득층에는 높은 수익률로 연금액을 지급하고, 고소득층에는 낮은 수익률로 연금을 지급하도록 설계되어 있으므로 저소득층도 가능하면 국민연금에는 꼭 가입해야겠지요.

이외에도 군인은 군인연금, 공무원은 공무원연금, 사립학교 교사는 사학연금 등에 가입하기 때문에 가입 후 일정 기간이 지나 연금수급 개시연령에 도달하면 연금을 받을 수 있게 됩니다.

또 장기 보험상품에 가입할 경우, 일시에 보험금을 받거나 장기간에 걸쳐 보험금을 나눠 받을 수도 있습니다. 후자의 경우는 연금처럼 활용할 수 있는 장점이 있지요. 살아있는 동안 평생 보험금을 받는 평생 연금도 있고, 일정기간을 정해 받을 수도 있는데, 이런 연금 보험금도 수입으로 볼 수 있습니다.

일반적으로 어딘가에 투자를 해서 돈을 버는 것만이 재테크라고 생각하기 쉬운데, 그런 것 외에도 이처럼 수입이 발생하는 것도 재테크의 범주에 포함할 수 있습니다.

주식이나 부동산 투자하여 자산 소득 올리기

돈을 벌기 위해 기존의 재산을 활용하는 것을 '투자'라고 하는데, 사회 일각에서는 이를 '투기'라는 표현으로 매도하기도 합니다. 그러나 자본주의사회에서 좋은 정보와 정확한 분석으로 자산을 투자해 가치를 증대시키는 일을 투기로 보는 것은 무리가 있습니다. 이런 재산 활용 방법은 투자라고 보는 것이 합당하다 봅니다.

특히 투자에 대해 긍정적 확신이 있는 경우, 보유하고 있는 자금뿐 아니라 금융회사의 대출이나 타인의 자금을 빌려서 좀 더 공격적으로 투자할 수도 있습니다. 그러나 빌린 자금으로 투자하는 경우, 호황일 때는 많은 수익이 기대되지만 반대로 불황일 때에는 더 큰 손해를 볼 수도 있습니다. 이를 레버리지효과 또는 '지렛대 효과'라고도 말하는데, 자신의 자금 외에 차입금 등 타인자금을 투자하여(지렛대), 자신의 실제 갖고 있는 자산으로 투자하는 것보다 상당한 이익을 얻을 수 있는 것을 뜻합니다. 내 돈 10억 원으로 투자했을 때 1억의 수익을 올렸을 경우와 내 돈과 타인자산 5억씩을 투자하여 1억의 수익을 올린 경우를 비교해보면 이해가 빠를 것입니다. 다만 기대 수익을 올리지 못했을 경우에 더 큰 손실이 발생하는 투자 기법이라 주의가 필요합니다.

투자와 투기를 구분하는 것도 무척 중요합니다.

투자와 구분되는 '투기'는 자신의 지위나 직무 등을 통해 얻은 중요 미공개 정보나 특정인으로부터 미공개 정보를 획득하여 활용하는 것입니다. 이외에도 시중은행의 정기예금 이자율 대비 연간 5배 이상을 목표수익률로 삼아 자산을 운용하는 것도 투기라 볼 수 있습니다. 물론 전자의 경우는 투기라는 표현보다는 범죄행위로 보는 게 맞습니다.

이러한 범죄행위는 일반인이 그런 정보를 획득한다는 것 자체가 불가능합니다. 그러니 이런 방법으로 부를 축적한다는 것은 있을 수 없고 오히려 이를 빙자한 거짓, 가짜 정보에 속아 멋모르고 투자했다가 실패하는 경우가 많습니다. 아울러 과도한 목표 수익률 설정하고 투자하는 경우 원금손실의 위험이 크기 때문에 이러한 투기는 절대적으로 지양하는 것이 좋습니다.

원금이 비교적 잘 보전되는 투자 형태의 자산운용 방법으로는 임대소득이나 금융소득 등이 있습니다. 임대소득은 상가나 건물에 투자하여 임차인으로부터 임대수입을 받는 경우에 해당하고, 금융소득은 재산을 부동산에 투자하지 않고 금융회사 등에 예치하여 상응하는 이자소득을 받는 방법입니다. 이런 방법은 비교적 원금보장이 되지만 수익률은 낮은 편이고, 재산의 급격한 증식을 목적으로 하기보다는 경제력이 상실되는 노년기에 수입을 보장받기 위해서 투자하는 경우가 많습니다.

지금까지 설명한 이런 모든 재테크에 있어서 성공에 이르는 가장 중요한 명제는 하루라도 일찍 시작하는 것입니다. 일찍 시작한 만큼의 효과는 기대 이상으로 무척 높게 나타난다는 것을 꼭 기억해야 합니다.

03

재테크시장의
예측 가능·불가능 요소들

'자기재산의 투자'를 전제로 하는 예전 재테크시장을 살펴보면, 일상적인 경제 흐름에 맞춰서 따라가기만 해도 중간 이상의 수익을 거둘 수 있었습니다. 주식투자의 경우 상승장에서는 어떤 종목의 주식을 사도 대부분 수익을 올릴 수 있었습니다. 부동산시장도 마찬가지여서 부동산의 종류와 위치 등에 별 관계없이 상승장에서는 동반 상승, 하락장에서는 동반 하락하는 추세를 보여 장세 파악만 하면 어렵지 않게 수익을 챙길 수 있었습니다.

그러나 작금의 재테크시장은 어마어마한 변화와 변동성을 보여주고 있습니다. 주식시장을 살펴보면 전체적인 시장이 상승세이더라도 오르는 주식은 하늘 높은 줄 모르고 오르지만 어떤 주식 종목은 바닥이 어딘지 모를 정도로 주가가 하락하는 경우도 부지기수로 나타납니다. 비단 이런 현상 외에도 주식시장에 영향을 미치는 요소와 범위가 확대되어 국내 경제 상황은 물론, 세계경제환경, 환율, 원자재 가격, 국제 정치 상황, 산업 지형의 변화 등 여러 요소가 복합적으로 연계되어 나타나고 있습니다. 그러다 보니 최근에는 정보, 자금, 타이밍 등에서 절대적 약자인 개인 투자가들이 주식투자로 수익을 발생시키기가 여간 만만치 않게 되었습니다.

부동산시장도 마찬가지입니다. 부동산의 종류만 보더라도 당장의 주거 목적을 가진 아파트나 빌라, 주거용 오피스텔 외에 토지, 건물, 분양권, 리츠를 통해 투자하는 부동산펀드 등 이루 헤아릴 수 없을 정도로 많습니다. 이런 부동산 투자시장에서도 상승기에는 대부분의 부동산 가격이 오르고 하락기에는 대부분 가격이 내리던 과거와 달리 최근의 부동산시장은 제아무리 상승장세라 하더라도 지역별, 부동산 종류별, 건축 연도별 등에 따라 가격의 오르내림 차이가 천차만별입니다. 이런 상황이다 보니 옥석을 구분하여 오를 만한 부동산을 찾아내기가 무척 어렵습니다.

시장에 영향을 미치는 요소를 찾아내고 분석하지 않고는 부동산을 포함한 재테크시장에서 성공을 거두기가 쉽지 않은 상항이 되었습니다. 그렇다면 과연 이렇게 변화무쌍한 재테크시장에서 성공적인 투자를 하려면 어떻게 하는 것이 좋을까요?

먼저 재테크시장에 영향을 미치는 환경을 예측하고 분석해야 합니다. 물론 예측 가능한 환경만 있는 것이 아니라 불가능한 환경 요소도 있기 때문에 이 모든 요소를 체계적으로 구분하고 분석하면서 접근해야 성공 확률을 높여나갈 수 있습니다.

투자시장에서의 예측 가능 요소

주식시장이나 부동산시장 그리고 채권시장 등 시장에 영향을 미치는 요소 중 예측 가능한 요소가 많습니다.

먼저 환율입니다. 국내 수출입 무역수지 및 무역외수지, 외국인들의 국내 순투자 규모 등 국내에 유입되는 외화의 총량 정도에 따라 우리나라 화폐와 다른 나라 화폐의 교환 비율인 환율이 변동하게 되는데, 이러한 환율의 변동은 나름 예측 가능한 요소로 볼 수 있습니다.

다음으로는 금리, 재정정책이 있습니다. 우리나라에 국한해서 보더라도 국내 경기(景氣)가 위축되고 소비가 둔화되는 시점에서는 정부나 통화 당국이 경기 부양을 위해 기준금리를 하향 운용하고 확대재정을 쓸 것이라고 쉽게 예측할 수 있습니다. 반대로 경제가 성장하거나 경기가 과열될 때는 이를 안정시킬 필요가 있어 경기를 조정하려고 금리를 상향 조정하고 축소재정을 사용할 것을 알 수 있습니다.

이외에도 통계로 확인이 가능한 경제성장율, 인구의 증가, 지역별 집중도, 생산가능인구의 밀집도, 소비 패턴의 변화 등이 있습니다. 또 어떤 특정 기업의 매출 증가, 신기술 개발, 전문 경영자 영입, 미래지향적 업무 연관성, 이익금의 증가 등의 변화가 있을 경우 해당 기업의 주가가 상승하리라는 것도 예측 가능합니다. 반면 경쟁 기업의 핵심기술 개발, 매출액 급등, 자사의 극심한 노사분규 등이 나타나면 당연히 주가는 하락할 것이니 이를 미리 대비할 수 있습니다.

이처럼 시장의 흐름이 보여주는 여러 데이터, 기업자료, 뉴스 등을 종합,

분석해서 해당 투자자산의 미래가치를 예상할 수 있는데 그것이 바로 예측 가능한 시장의 환경 요소입니다.

그럼 시장에는 예측 불가능한 환경 요소는 없을까요? 아닙니다. 당연히 있습니다.

시장의 예측 불가능 요소

시장환경은 예측하지 못한 급작스러운 변화와 맞닥뜨릴 수 있습니다. 국가 간 전쟁 발발, 심각한 수준의 사람 및 산업시설에 대한 테러, 집단감염병의 창궐, 기후 대변화, 기타 중차대한 사건 사고들은 급작스럽게 발생하고 그 결과 등이 예측 불허하기에 이런 요소들이 시장에 영향을 줄 때는 손쓸 새 없이 속수무책으로 당할 수밖에 없습니다. 이러한 예측 불가능한 요소가 발생했을 때 미리 준비해 놓는 방법은 없을까요?

이런 예측불허의 변화에 대비해 미리 안정적인 투자 전략으로 포트폴리오를 짜서 분산투자하는 것이 좋습니다. 또 사건 사고 발생 후에 재산적 손실을 얼마만큼 최소화하느냐, 위기를 기회로 삼을 수 있는 방법은 없는지 생각하고 신속하고 정확하게 대처하는 것이 중요합니다.

소문이기는 하지만, 세계적 거대 금융자본이 국제적 이슈가 될 만한 대형 사고를 사전에 기획해서 위기 상황을 발생시킨다는 음모론도 있습니다. 이런 사건이 터졌을 때 시장이 어떻게 반응할 것인지를 예측하고, 그에 상응되는 거래를 미리 준비하여 실제 상황이 도래했을 때 준비된 거래를 통해 시장에선 거대한 수익을 올린다고 합니다. 물론 믿거나 말거나입니다.

예측불허의 상황이 발생했을 때 시장은 큰 혼란 발생하고 그 와중에 대부분의 소액 개미 투자자들는 우왕좌왕하다 투자한 자금을 잃는 경우가 많은 것이 현실입니다. 특히 재테크 관련 공부하지 않거나 분석을 게을리하는 경우는 예측 가능한 요소조차도 예측 불가능한 요소로 둔갑하여 재산상의 손실을 볼 수 있음을 명심해야 합니다.

재테크를 위한 구체적인 예측 가능 요소들

'재테크는 운이다.'라는 말을 전혀 무시할 수는 없습니다. 앞에서 말한 대로 시장에 영향을 미치는 예측 불가능한 요소들이 있기 때문입니다. 그렇기에 재테크 성공에 있어 '운칠기삼(運七技三)'이라는 단어를 쓰는지도 모르겠습니다.

그러나 분명한 것은 체계적으로 움직이는 예측 가능한 변화의 발생 확율이 갑자기 일어나는 예측 불가능한 변화의 발생 확율보다 훨씬 높기 때문에, 모든 것을 운과 운명에 맡기는 것은 올바른 자세가 아니라는 것입니다. 예측 가능한 요소를 찾아내고 분석하여 시장의 흐름을 선제적으로 읽어내고 운용하면 운에만 맡기는 맹목적 투자가 아니어서 수익률도 많이 올릴 수 있습니다. 운이나 행운이 전혀 없다는 것은 아니지만, 노력과 열정이 운과 요행에 비해 훨씬 성공 확률이 높다는 것을 명심해야 합니다.

이처럼 재테크시장에 변화무쌍하고 다양한 형태로 영향을 미치는, 예측 가능한 요소와 예측 불가능한 요소들을 앞에서 개략적으로 살펴보았지만, 투자시장에 절대적 영향을 미치는 예측 가능 요소를 좀 더 구체적으로 알아보겠습니다.

시장 참여자의 니즈

시장 참여자가 원하는 것, 즉 시장 참여자가 재테크시장에서 긍정적으로 보는 요인은 무엇이고 부정적으로 보는 요인은 무엇인가를 재빨리 파악해야 한다는 것입니다. 여기서 간과해서는 안 되는 것이 시간의 적정성입니다. 시장 참여자의 호불호와 그 선택의 변화를 시간의 흐름에 따라 정확히 읽어내야 합니다. '정보를 놓치면 반을 잃고 시간을 놓치면 모두를 잃는다.'는 격언을 명심해야 합니다.

세계시장의 정치, 경제, 사회, 문화 등

과거에는 한국의 경제 시장에 대한 글로벌환경의 영향력이 미미했고 특히 외국인 투자자들의 국내 시장에 대한 관심도 적은 편이었습니다. 그러나 최근 대한민국의 경제적 영향력을 비롯한 국가 위상이 높아지면서 한국 경제 시장의 참여자는 대한민국 내국인으로 국한되는 것이 아니라 세계 유수의 투자자들로 확대되었습니다. 더구나 대외 의존도가 높은 한국의 경제구조와 완전경쟁시장이라는 점 때문에 외국인 투자자들의 높은 관심을 받다 보니 한국의 시장은 글로벌 경제환경에 많은 영향을 받게 되었습니다.

이처럼 투자시장이 자국 중심에서 세계 중심으로 바뀌고 있다는 것 즉 재테크시장이 글로벌화하고 있다는 것을 꼭 인식해야 합니다.

산업 지형의 변화

과거에는 제조업 중심의 굴뚝 산업이 세계 경제의 대표 산업이자 선도 산업이었다면, 지금은 IT(정보기술) 산업. BT(생명공학) 산업, 친환경 산업, 우주항공 산업 등으로 그 중심축이 변화하고 있습니다. 이외에도 여러 기술이 융합된 새로운 산업이 나타나면서 미래의 산업 지도를 바꿔나가고 있을 뿐 아니라 그런 산업의 존속 기간도 영원하거나 장기적이지 않고 불현듯 나타났다가 소리 없이 사라지는 형태를 보이기 때문에 산업 지형의 변화와 미래 예측에 지속적인 관심을 가져야 합니다.

총인구수, 연령별 인구수, 신세대의 소비 성향

총인구수의 변화, 특히 소비주도계층 인구수의 변화는 경제환경에 큰 영향을 줍니다. 아울러 주거지 이동에 따른 거주지별 인구수의 변화 정도와 집중도, 지역의 경제 상황에 변화를 주고 소비를 주도하는 신세대의 구매 성향과 관심 분야 등은 새로운 산업의 발생, 발전 등에 대단히 큰 영향을 끼치기 때문에 지속적인 관심을 가져야 합니다.

이외에도 1인 가구의 증가, 미혼·비혼 세대의 증가, 출생자 수 감소, 고령자 수 증가, 혼인 건수 감소 등도 새로운 소비 행태를 발생시킬 수 있는 요소입니다.

소비라는 것은 경제활동, 특히 생산활동의 유인제 역할을 하기 때문에 먼저 검토하고 예측해서 투자 방향을 결정하는데 중요한 지렛대로 사용해야 합니다.

소확행, 욜로, 워라밸, 파이어족 등 변화하는 삶의 경향

우리나라가 지속적인 경제성장을 이룩하면서 이젠 감히 선진국이라는 단어를 쓸 수 있을 만큼 높은 수준까지 온 것이 사실입니다. 1인당 국민총소득 3만 달러 시대에 진입했으니까요. 이런 경제적 안정기에 오는 사회의 변화가 재테크시장에 영향을 미치게 됩니다.

일벌레라는 별명이 애칭으로 들리던 시절, 여가나 취미생활은 언감생심 생각도 못 하고 일에 매달리던 것이 기성세대의 모습이었다면, 요즘 젊은 세대의 모습은 일보다 '한 번뿐인 내 인생, 이 순간을 즐기자.'라는 형태로 바뀌고 있습니다.

'소확행'은 말 그대로 '작지만 확실한 행복'을 추구하는 것을 뜻하는데, 요즘 젊은 세대가 추구하는 생활 모토이기도 합니다. 한 번뿐인 인생에 허투루 시간을 낭비하지 말고 행복을 위해 모든 것을 투자하는 삶의 경향인 '욜로'도 눈여겨봐야 할 것입니다. 경제적 안정을 확보한 뒤 빠르게 은퇴하는 '파이어족', 일과 개인 삶의 균형을 맞춰가며 살아가자는 '워라밸'도 MZ세대들의 특징입니다.

이런 가치 변화에 의한 다양한 생활 패턴의 변화가 재테크시장에 끼친 영향 중 하나는 '배달'입니다. 앞서 언급한 삶을 영위하고자 하는 사람들은 빠른 해결, 편한 접근, 다양한 경험을 추구하는 경향이 있습니다. 이러한 욕구를 충족시킬 수 있는 일 중 하나가 배달이었습니다. 과거에는 식당에 음식값만 내면 배달까지 해주었습니다. 단순히 배달이 목적이었지 빠르고 신속하게, 맛있는 상태로 도착할 수 있도록 해주는 서비스는 배달의 조건이 아니었습니다. 그러나 지금은 음식값 외에 배달비를 별도로 부담하더라도 신속하고 맛있는 상태로의 배달을 요구하는 시대가 된 것입니다.

밖에 나가 끼니를 해결하기보다는 집에서 편하게 음식을 배달받아 식사하는 것을 선호하는 사람이 많아졌습니다. 그래서 이런 시대적 흐름을 읽고 미리 배달앱이나 쇼핑앱을 개발한 사람들이 최근 성공 신화를 쓰고 있는 것을 많이 볼 수 있습니다. 이를 통해 역시 사람들의 생활 패턴과 가치관 변화에 미리미리 대응하고 개발하고 론칭하는 것이 사업 성공에 있어 얼마나 중요한 것인가를 다시 한 번 깨달을 수 있습니다.

04

돈을 더 빨리, 더 많이 모으고 싶다면

　돈은 땅에서 솟아나는 것도 아니고, 하늘에서 갑자기 내 앞으로 떨어지는 것도 아닙니다. 약육강식의 정글과 같은 곳에서 무한경쟁을 통해 성공해야만 부를 축적할 수 있는데, 나를 먹잇감으로 보고 곳곳에서 덤벼드는 무시무시한 맹수들과 사활을 걸고 결투해야 합니다. 그런 시장에서 돈을 벌고 모아서 재산을 증식시키기는 결코 쉽지 않습니다. 그렇지만 불가능한 일도 아닙니다. 돈을 모으고자 하는 꿈을 이뤄내기 위해서는 먼저 확실히 알아두어야 할 것들이 있습니다. 우선은 현재 나의 재테크 실력과 재테크 관심 정도를 정확히 진단해봐야 합니다.

　지금부터 해볼 재테크 실력 테스트를 통해 나에게 없거나 부족한 부분을 찾아 열심히 배우고 실천하면 재테크 성공 기대치를 한 계단 더 올릴 수 있습니다.

현재 자신의 재테크 실력을 정확히 평가하기

현재 재테크에 대해 어느 정도 관심이 있는지 또 현재의 실력은 어느 정도이고, 재테크 성공에 잘 맞는 생활 패턴을 가지고 있는지를 테스트를 통해 알아봅시다.

낮은 점수가 나왔다 하더라도 실망할 필요는 없습니다. 누구나 태어날 때부터 전문가로 시작하는 것은 아닙니다. 단지 현재 내 실력과 생활을 면밀히 분석하고 이를 바탕으로 성과를 얻을 수 있는 방향으로 꾸준히 나아가고자 하는 굳은 마음을 갖고 실천해 나간다면 분명히 성공의 길로 들어설 수 있습니다.

아울러 이 〈재테크 성공도 가늠표〉는 어디까지나 현재의 평가일 뿐입니다. 여기서 부족한 부분을 찾아내어 좋은 방향으로 소비 습관을 바꾸고 재테크 관심도를 높이면 향후 재테크 성공 가능성이 훨씬 올라갈 테니 당장의 점수가 낮다 하더라도 걱정할 필요는 없습니다.

문제는 많은 재테크 초보자가 이런 테스트와 진단 없이, 즉 현재 자신의 재테크 실력이나 경제 지식 수준도 모른 채 용기와 객기만으로 재테크시장에 들어갔다가 초반부터 처절하게 패배하는 일이 비일비재하다는 것입니다. 간혹 초반에 운칠기삼으로 성공하는 경우도 있기는 하지만 기본 바탕이 없다면 결국 어느 정도의 시간이 흐르면서 패배의 길로 들어서게 될 것입니다. 그런 실패를 미연에 방지하기 위하여 〈재테크 성공도 가늠표〉를 통해 현재 자신의 위치를 살펴봅시다.

〈재테크 성공도 가늠표〉

질문 항목	긍정(0점)	보통(1점)	부정(2점)
1. 부자를 부러워하는 편이다.			
2. 종잣돈의 중요성을 인식하고 있다.			
3. 체면보다 실리를 더 중요하게 생각하는 편이다.			
4. 재테크 강의를 듣거나 관련 책을 읽어본 적이 있다.			
5. 용돈 기입장을 쓰거나 써본 적이 있다.			
6. 월급이나 소득의 50% 이상은 저축하려 한다.			
7. 경제신문이나 일간지 경제면을 즐겨 본다.			
8. 물건을 구입할 때 정말 필요한지 생각해보고 산다.			
9. 남이 쓰던 물건이라도 필요하면 받아 쓴다.			
10. 도박을 즐기지 않는다.			
11. 재테크에 관심이 많다.			
12. 부자들과 교분이 있는 편이다.			
13. 신용과 약속을 잘 지키는 편이다.			
14. 휴대폰을 오래 사용하는 편이다.			
15. 외식은 가능하면 안 한다.			
16. 고수익 상품에 대한 위험성을 알고 있다.			
17. 세금 등 절세하는 방법에 관심이 많다.			
18. 부자는 노력하면 될 수 있다고 믿는다.			
19. 투자할 때 부화뇌동하지 않은 편이다.			
20. 투자 후 사후관리를 하는 편이다.			
21. 현금서비스는 이용하지 않는다.			
22. 지출은 노력하면 줄일 수 있다고 믿는다.			
점수 합계			

표를 통해 개인의 경제활동 성향, 행동 양식을 평가하고 또 그 점수를 합산해서 현재의 재테크에 대한 관심도를 평가해보는 것이 좋습니다. 점수가 기대치에 못 미친다 하더라도 이 22가지 항목에 꾸준히 관심을 갖고 노력한다면 분명 재테크에서 좋은 결과를 얻을 수 있다고 확신합니다.

〈재테크 성공도 가늠표〉 결과 보기

−[0∼10점] 재테크에 무관심한 사람

부자가 되려는 의지가 없거나 현실에 안주하려는 경향이 강한 타입입니다. 불편한 것을 참지 못하고 당장의 편함을 추구하는 성향으로, 진정 부자가 되려면 경제에 대한 기초 개념부터 재정립해야 합니다.

−[11∼25점] 재테크 성공 가능성 있는 사람

기본적으로는 재테크에 관심이 있는 타입입니다. 그러나 실제 재테크를 통해 재산을 증식시키려 해도 효과적인 방법을 잘 알지 못해 투자 성공률이 낮은 편입니다. 이 경우 재테크 전문가의 도움을 받고, 인터넷이나 경제신문 등을 통해 좀 더 정확하고 많은 정보를 획득하는 데 노력을 기울여야 합니다.

−[26∼37점] 재테크 성공 가능성이 높은 사람

재테크에 대한 마인드가 정립되어 있고 재테크를 통해 부자로 발돋움할 수 있는 가능성이 상당이 높은 타입입니다. 많은 재테크 전문가와 친교를 유지하면서 다양한 재테크 정보를 활용하여 체계적으로 계획을 수립하고 목표를 위해 꾸준히 노력하고 실천한다면 원하는 결과를 거둘 가능성이 무척 큽니다.

–[38점 이상] 재테크를 통해 성공 신화를 만들어낼 사람

이미 재테크를 통해 일정 부분 성공을 거두거나 아직 목표까지 도달하지 못했다 하더라도 조만간 그 목표를 달성할 수 있는 타입입니다. 이 경우 확실한 재테크 마인드, 해박한 경제 지식은 물론 경제 흐름까지도 정확히 파악할 수 있는 능력이 있어 투자 범위를 넓혀 더 큰 부자로의 도전을 해봄도 좋을 듯합니다.

표를 통해 현재 나의 재테크 성공 수준을 확인했다면, 앞으로는 필요한 경제 지식을 좀 더 배우고 생활 패턴도 재테크 성공 가능형으로 바꿔서 부자가 되는 꿈을 실현할 수 있도록 노력해보는 것이 중요합니다.

재테크에는 요행이 없다

많은 사람이 바라는 것이 요행입니다. 나에게 행운의 여신이 미소 지어주기를 바라는 마음이라고 표현해도 크게 어긋나지 않을 것입니다. 아마 인간이라면 누구나 그런 마음을 갖고 있을 것입니다.

그러나 세상에는 절대로 변하지 않는 세 가지의 진실이 있는데, 그것은 '공짜는 없다.', '비밀은 없다.', '정답은 없다.'입니다. 재테크에서 주목해야 할 것은 '공짜는 없다.'입니다. 요행수를 바라는 것은 큰 틀에서 보면 공짜를 바라는 마음입니다만, 세상에 공짜가 늘 상존한다면 누가 어렵고 힘들게 노력하며 살겠습니까?

설령 공짜를 바란다 해도 아주 미미한 수준에서 바란다면 그런대로 괜찮겠지만, 본격적으로 투자할 때 공짜를 바라는 마음으로 한다면 아마 그것은 마른 볏짚을 등에 메고 불기둥으로 뛰어드는 일과 다를 바 없는 매우 위험한 행동이라 할 수 있습니다. 다른 말로 표현하자면 공짜를 바란다는 것은 남의 말을 듣고 투자하거나 사전에 아무 준비도 없이 자신의 '감'이나 '촉'만 믿고 투자하는 것이라고 설명할 수 있습니다.

남의 말이나 정보만 믿고 투자할 경우, 정보 자체가 부정확할 때가 많고, 때에 따라서는 역정보를 흘려 선량한 투자자를 꾀어내는 경우도 있으며, 정보를 획득했을 때는 다른 사람들이 이미 시장에서 단물을 빨아먹고 던져버린 철 늦은 정보일 수도 있습니다.

아무것도 모른 채 정보를 얻었을 때를 투자 시점으로 삼아 투자하는 경우가 많은데, 이런 투자는 낭패를 당할 가능성이 무척이나 높습니다.

어차피 재테크시장은 약육강식의 시장입니다. 이런 곳에서 살아남고 높은 수익을 올리기 위해서는 누군가를 제물로 삼아야 하기 때문에 공연히 손쉽게 얻은 정보로 실패를 자초하지 말고, 스스로 많은 발품을 팔아가면서 획득한 귀한 정보를 활용하여 성공률을 높여야 합니다.

모든 재테크의 성공은 절약에서부터

사람이 세상을 살아가는 밑바탕은 경제입니다. 즉, 소비활동을 통해 현재의 내가 존재하고 또 미래를 준비할 수 있는 것입니다. 그런데 검소한 생활습관이나 절약 정신 없이 돈을 쓰거나 경제활동을 하면 재테크의 기본인 종잣돈을 모으거나 큰돈을 모으는 데 그다지 도움이 되지 않습니다.

흙수저로 태어나 재테크 성공 신화를 이룬 많은 사람이 이구동성으로 하는 말이 첫째는 절약, 두 번째는 근검, 세 번째는 구두쇠 같은 삶이라고 합니다. 다시 말해 재테크의 출발은 절약을 통해 누가 얼마나 빨리 종잣돈을 준비하느냐에 달려있다고 해도 과언이 아닙니다. 물론 부모 잘 만난 금수저나 높은 연봉을 받는 사람들이야 이미 종잣돈이 준비되어 있거나 금방 모을 수 있지만, 그런 부류에 속하는 사람들이 얼마나 될 것이며, 쉽게 종잣돈을 모았더라도 모두 재테크에 성공하는 것은 아닙니다. 종잣돈을 모으는 과정에서 인내하고, 소비 패턴도 정비하고, 내공도 쌓으면서 재테크 성공 신화에 한 걸음 한 걸음 다가가는 것입니다.

절약하는 생활이 몸에 배면서 자연스럽게 재테크 성공으로 가는 길이 눈에 보이기 시작하는 것이지요. 그래서 종잣돈 모으기가 그렇게 중요한 것입니다.

아울러 근검절약에는 다음의 방법을 활용할 수 있습니다.

- 쓰고나서 저축하는 것이 아니고 저축할 금액을 먼저 정하고 소비하기
- 저축할 금액을 부모님이나 가까운 지인에게 미리 알려 약속을 지키려고 노력하기

• 지출할 때는 충동지출, 지름신 강림, 득템 등의 이야기에 둔감해지기

가능한 한 돈의 지출을 최대한 줄이는 것이 종잣돈을 모으는 지름길입니다. 더불어 지출을 효과적으로 줄일 수 있는 방법을 소개하자면 다음과 같습니다.

• 신용카드 등은 가능한 한 쓰지 않고 체크카드나 현금 쓰기
• 목돈 마련 저축할 때는 자동이체 걸어두기
• 소비를 위한 대출은 절대 사용하지 않기
• 무이자 거래라 하더라도 할부 거래는 피하기
• 가계부 쓰기
• 지출항목별로 통장을 만들어 예상 금액을 입금하고 그만큼만 쓰기

"하늘은 스스로 돕는 자를 돕는다."라는 격언이 있듯이 자신에게 엄격하고 성공을 위해 부지런히 움직이면 그 결과는 좋게 나타나리라 확신합니다.

05

재테크에는 지름길이 있다

　부자가 되고 싶은 욕망은 인간의 기본적인 욕구입니다. 자본주의 사회에서 재테크의 성공은 부의 축적을 통한 편한 삶 뿐만 아니라 사회적 신분의 상승이라는 부가적인 효과도 얻을 수 있습니다. 과거 신분제도가 있던 봉건 시대에는 귀족으로 태어나거나 귀족으로 신분을 상승시켜 부와 명예를 얻고, 계급이 중심인 일당 독재국가에서는 권력자에 눈에 띄면 대를 이어 권력과 부를 누릴 수도 있습니다.

　그러나 그런 시스템이 아닌 자본주의사회에서는, 물론 꼭 그런 것은 아니지만, 성공의 기준을 재산을 얼마나 가지고 있느냐로 보는 경향이 다분히 있어 모두 돈을 벌려고 애쓰고 있습니다. 이처럼 누구나 부의 축적에 지대한 관심을 두고 있는데 이런 상황에서 유한하고 한정적인 재산을 남보다 더, 빠르게 내 것으로 만드는 것이 과연 쉬울까요?

당연히 어렵고 힘든 게 사실입니다. 그러다 보니 빠른 시일 내에 성공하고 싶다는 생각에 다급함과 초조함 그리고 불안함에 의사결정이 급해지고, 생각이 좌충우돌하고, 우왕좌왕하면서 무계획적으로 투자하게 됩니다. 이런 투자는 실패할 가능성이 크며 실패가 누적됨으로 인해 기본적인 생활조차 위협받는 상황으로까지 내몰리게 되는 경우가 나타나게 됩니다.

재테크 성공 신화를 이룬 주인공들의 이야기나 행동을 면밀히 들여다보면 그들은 일확천금의 꿈을 꾸지 않습니다. 우보천리로 천천히 멀리, 그러면서 꾸준히 목표를 향해 나아가는 경향이 많습니다. 당연히 목표에 대한 믿음의 끈을 굳게 잡고 말입니다.

그렇다면 재테크시장에서 제대로 된 성공을 이루기 위해서는 어떻게 접근해야 할까요?

목표를 설정하고 계획 세우기

돈을 벌겠다고 생각하는 지금 이 순간 바로 계획을 세워야 합니다. 언제까지 얼마의 돈을 모으고 또 어떤 방법으로 돈을 벌 것인지 등 돈을 모으는 방법에서부터 최종 목표까지 생각해야 합니다. 지금 나이가 30세라면 40세까지 5억을 모으고, 50세까지 10억, 60세까지 20억을 모으겠다. 이런 식으로 목표를 잡는 것입니다.

목표가 설정되면 목표를 달성하기 위한 수단을 찾아야 합니다.

주식을 잘하니까 주식을 통해서, 안정적인 투자자니까 적금을 통해서, 부모님이 부자니까 부모님으로부터 도움을 받아서, 아니면 펀드나 채권투자를 통해서 등 목표를 달성하는 등 방법을 구체화해야 하는 것입니다.

이처럼 목표를 설정하고 계획을 세운 후에는 그 계획을 달성하기 위해 행동해야 합니다. 또 실행해나가는 와중에도 그 계획과 실행 사이의 차이가 발생할 경우 왜 발생했는지 또 문제점은 무엇인지 수시로 되짚어 보면서 계획을 수정하고 효율적인 방법을 찾아 목표를 향해 꾸준히 나아가야 합니다.

이런 목표를 설정할 때는 '최종 목표'를 설정하는 것이 아주 중요합니다.

- 넉넉한 자금을 모아 노후에 예금과 연금을 통해 안정적 생활하기
- 조그만 꼬마빌딩을 소유해서 임대와 거주 그리고 나만의 취미 공간 만들기
- 대도시 인근에 전원주택과 농지를 소유하고 소박한 전원생활 영위하기
- 상가를 취득하여 임대소득을 통해 안정적인 노후 보내기

이렇게 재테크의 최종 목표를 구체화해야 합니다. 최종 목표 설정을 설정하고 이를 달성하기 위한 단기 목표, 중기 목표, 장기 목표 등 기간별 목표를 체계적으로 수립하고 또 실행해가는 중간중간에 실행 성공 정도를 점검하면서 목표 달성의 의지를 키워나가야 합니다.

실현 가능한 목표 세우기

학창 시절 공부 계획을 수립한 경험들이 많이 있을 겁니다. 사실 계획을 세우는 과정은 신나고 즐겁고 재미있을 수 있습니다만, 그 장밋빛 계획이 얻은 것 없이 그저 계획으로만 끝나버린 경험도 많이 갖고 계시리라 믿습니다. 모든 일이 그러하지만, 재테크에서도 마찬가지입니다. 계획을 세우는 것도 중요하지만 계획에 따른 실행 의지가 무척 중요하고 특히 단기 목표 성공여부가 최종 목표를 성공하느냐, 실패하느냐의 핵심 요소라 할 수 있습니다.

그래서 단기 계획을 수립할 때 특히 실현 가능한 목표를 설정해야 하는 것입니다. 첫 계획의 성공 여부가 최종적인 재테크 목표에 도달하느냐 못 하느냐의 중요한 요소입니다. 처음부터 과도한 목표를 세웠다가 실패로 끝나게 될 경우, 그 이후부터는 재테크에 대한 의지가 약해지고 다시 계획을 세운다 해도 성공하기가 무척 어렵습니다. 그러므로 첫 계획일수록 실행 가능한 낮은 목표의 계획을 수립해야 한다는 것을 꼭 기억해야 합니다.

중기, 장기 목표를 세울 때도 마찬가지입니다. 단기 계획이 성공적으로 끝났다면 중기, 장기 계획을 수정하여 더 도전적인 계획을 수립해도 좋습니다. 다만 다시 한 번 강조하건대 가장 중요한 것은 단기 계획을 실현 가능한 수준에서 수립하는 것입니다. 단기 계획이 실패로 끝날 경우 중기, 장기 계획은 수포가 되기 때문입니다.

부자들에게서 배우기

사람들은 자격지심이나 위축감 등으로 부자들 곁에 가까이 가지 않는 성향이 있고, 주변에 부자가 있더라도 그들의 생활 패턴이나 투자 방법에 큰 관심을 갖지 않은 경우가 많습니다. 그러나 처음부터 금수저 부자가 아니었다는 전제하에, 그들이 재테크에 성공했기 때문에 그 위치에 있음은 부정할 수 없는 현실입니다.

그렇다면 재테크에 성공한 부자들의 특징은 무엇일까요? 무엇인가 특별한 점이 있지 않을까요?

대부분의 자수성가형 부자들의 특징은 다음과 같습니다.

- 일상생활에 근검절약과 부지런함이 배어있다.
- 정보가 될 만한 것을 가진 사람들과 친교를 유지하려 애쓴다.
- 써야 할 곳과 쓰지 않아야 할 곳에 대한 명확한 기준이 있다.
- 요행이나 운을 바라지 않는다.
- 돈이 된다고 생각되는 일에는 무척 부지런히 움직인다.
- 경제 상황을 매사 관심 있게 본다.
- 돈에 대한 자기만의 철학을 가지고 있다.
- 서두르거나 조급해하지 않는다.

사실 이제 막 성인이 되어 경제활동을 하는 사람으로서는 따라 하거나 실천하기가 쉽지 않은 내용입니다. 그래도 이런 행동 패턴을 배우고 실천에 옮기는 것은 무척 중요합니다.

소문이나 타인 말에 부화뇌동하지 않기

욕심은 앞서고 진도는 안 나가는 와중에 옆 사람이 일취월장하는 모습을 보면 당연히 마음이 급해지고 초조해지는 것이 사람의 심리입니다. 더구나 재테크 초보자의 경우 그 심리적 부담감은 이루 말할 수 없을 만큼 클 것입니다.

그렇기에 타인의 이야기에 귀가 솔깃해질 수 있고, 섣부른 판단으로 패착에 이르기도 합니다. 이를 이겨낼 방법은 절대 서두르거나 조급증을 내지 않으면서 계획된 목표와 방법을 꿋꿋한 의지로 흔들림 없이 밀고 나가는 것입니다. 그러면 시간이 흐르면서 그 결과가 좋게 나타나게 될 것입니다.

좀 더 여유 있는 자세를 견지하고, 믿을 만한 전문가의 의견을 수시로 들어보는 것도 좋은 방법입니다만. 사실 요즘은 전문가라 하는 사람들조차 향후 방향에 대해 제대로 예측해내지 못하고, 또 사이비 전문가들도 많다 보니 이것도 쉽지는 않습니다. 그러니 우리 스스로가 먼저 공부하여 무엇이 옳은 정보인지 가릴 수 있을 만큼 커나가는 것이 중요합니다.

수시로 공부하고 정보 획득하기

재테크시장에 영향을 미치는 요소는 무궁무진하고 이루 헤아릴 수 없이 많이 있습니다. 그러한 정보나 지식을 정확히 내것으로 만드는 것은 재테크 성공의 시발점이 됩니다.

많은 사람이 재테크로 성공하려면 좋은 정보를 많이 알아야 한다고 생각하지만, 꼭 그렇지만은 않습니다. 왜냐하면 재테크는 일방통행이 아니고 양방향 통행이기 때문에 나쁜 정보도 활용가치가 있습니다. 그러므로 가능하면 많은 정보보다는 정보를 정확히 식별하는 지식을 갖추려 노력을 해야 합니다. 이런 지식을 갖추는 방법에는 다음과 같은 것들이 있습니다.

경제 일간지를 구독하는 습관

처음에는 기사가 어떤 의미인지, 정보의 옥석이 무엇인지 구별이 잘 가지 않습니다만, 일정 기간 꾸준히 접하다 보면 중요한 정보가 눈에 들어오기 시작합니다.

경제 관련 정보를 국내에서만 얻으려 하지 않기

작금의 경제 상황은 글로벌환경에 의해 변화하는 시대이기 때문에 국제적인 정보도 극히 중요한 요소입니다. 인터넷 등을 활용한 국제적 경제 정보를 얻으려 노력해야 합니다.

정보의 분석과 검토

제공되는 정보가 모두 정확하거나 미래를 제대로 예측하는 것은 아닙니다. 얻은 정보를 일단 참이냐 거짓이냐를 구분하고 그중에서도 특히 나에게 유익한 정보가 어떤 것인지 분석하고 검토해야 합니다.

　정보는 수많은 경로를 통해 우리에게 전달됩니다. 어떤 특정 부분에 관심을 갖고 스스로 정보를 얻으려 노력하다가 알게 되는 경우도 있지만, 아는 주위 사람들로부터 원하던, 원하지 않던 얻게 되는 경우가 많습니다.

　이렇게 획득한 정보를 좋은 정보, 정확한 정보, 시의적절한 정보로 분류하여 투자 결정에 효과를 줄 수 있는 요소로 만들어가야 합니다. 특히 어떤 경로를 통해 얻게 되던, 얻은 정보의 정확성과 진위 여부를 확인하고 검토하는 일이 절대적으로 필요합니다.

　인간에게는 편해지려는 욕구가 강하고, 자기에게 관대하려는 의식이 있기 때문에 냉철한 분석과 판단이 배제되고, 단지 나에게 우호적인 방향으로 따르거나 맹신하려는 마음으로 가기 쉽습니다. 이런 마음은 인간이기 때문에 생기는 것이지만, 이러한 상태에서 벗어나지 못하면 재테크시장에서 실패할 가능성이 무척 높다는 것을 확실히 알아두어야 합니다.

　다시 한 번 강조한다면 가능한 한 발품을 팔고 실제 그 상황을 직접 확인하는 과정을 통해 확실한 정보를 얻는 것이 중요합니다.

시기에 따른 정보의 가치를 정확히 평가하기

　정보의 시의적절성을 파악해야 합니다. 투자하는 때가 맞아야 좋은 정보지, 투자 시기를 맞출 수 없는 정보는 아무리 좋은 정보라도 큰 의미가 없는 정보입니다.

그러니 정보를 획득한 경우, 그 정보의 진위와 함께 어느 시점에 영향을 미치는 정보인지 정확히 알아내야 합니다.

즉, 시간의 흐름에 민감한 정보들 속에서 적절히 순발력 있고 탄력적으로 대응하는 자세를 가지려고 노력해야 합니다. 옛 고전에 나오는, 오지 않는 사람을 기다리고 기다리다가 끊임없이 내리는 비에 다리 교각을 끌어안고 죽었다는 미생(尾生)이라는 사람처럼, 시기와 상황을 전혀 맞추지 못하는 둔감한 사람이 되어서는 현대판 재테크에서 절대 성공할 수가 없습니다.

실수요자, 실사용자의 입장에서 투자 대상 검토하기

재테크를 단순히 돈을 버는 목적으로만 생각할 뿐 가치변화 요인을 찾는 노력을 하지 않는 사람이 많이 있습니다. 예를 들어, 주식에 투자하는 경우만 놓고 보더라도 그 기업의 주인 입장에서 회사를 보고, 투자 적기는 언제인지, 회사의 성장 가능성은 어느 정도인지를 살펴보기보다는 단지 지금 상황에서의 시세차익을 얻는 방법으로 주식에 투자하는 경우가 많습니다.

제삼자로서, 또는 단기적 관점에서만 바라보고 투자하다 보니 그렇게 투자한 사람들은 알게 모르게 손실을 보는 경우가 많이 생기게 됩니다.

부동산도 마찬가지입니다. 단순히 시세차익을 얻을 목적으로만 투자하는 경우는 실패할 가능성이 무척 높습니다. 그래서 부동산도 실수요자로서 그 부동산의 실제 필요 여부, 입지, 용도, 자금 규모에 맞는 적합성, 생활 편리성, 사용 가능성 등을 두루 살피면서 투자해야 합니다.

실수요자 입장에서 냉철한 시각으로 바라보고 또 그렇게 찾아낸 것들을 근거로 투자를 결정해야만 성공률이 높아질 것입니다.

투자의 기초가 되는 종잣돈 모으기

어떤 일을 도모하더라도, 자본주의 사회에서는 돈이 기초가 됩니다. 기본적인 종잣돈이 마련되어 있지 않으면 어떤 일이든 시작하기가 어렵습니다. 소위 밑천이라는 표현을 하기도 하는데, 아주 조그만 장사를 시작하더라도 밑천이 있어야 시작할 수 있습니다.

물론 장사나 사업에 있어 밑천의 크기가 절대적인 것만은 아닙니다. 자본 외의 여러 요소가 복합적이고 유기적으로 결합되어 결과가 나오는 것입니다. 그래도 밑천은 중요한 역할을 합니다. 밑천이 많아야 어떤 장사나 사업을 선택할지, 어떻게 운영할지 선택지가 넓어집니다.

그래서 재테크는 종잣돈 모으기에서부터 시작한다는 말이 더 적합한 표현일지도 모르겠습니다. 사회주의경제나 계획경제하에서는 자본이 아닌 국가의 힘으로 경제 상황과 판도가 바뀌고 영향을 받기 때문에 자본의 중요성이 떨어질 수도 있겠지만, 자본주의사회에서는 '자본'이 경제의 핵심이자 꽃이 됩니다. 그런 기본적인 개념을 머릿속에 정립하고 재테크시장에 들어서야 성공 가능성이 훨씬 높아질 것입니다.

아울러 돈을 벌기 위한 목적으로 투자를 시작할 때, 종잣돈은 많으면 많을수록 계획 세우기가 수월하고, 또 계획을 실행에 따른 성공률도 높아지게 됩니다. 필히 종잣돈 모으는 데 지대한 관심을 가져야 합니다.

종잣돈을 모으면 자본적 파워가 생긴다는 장점 외에도 돈을 모으는 과정에서 재테크를 바라보는 눈이 열리고, 인내하고, 참아내는 좋은 습관을 얻을 수 있습니다. 종잣돈의 중요성과 종잣돈을 효과적으로 그리고 지루하지 않고 성공적으로 모으는 방법을 찾는 것도 재테크 성공에 있어 중요한 요소입니다.

Chapter 3

재테크의 시작,
종잣돈은
어떻게 모을까?

종잣돈은 비교적 적은 돈이라도 그 위력은 핵폭탄급이라 할 수 있습니다. 그러나 일반적으로 종잣돈의 중요성을 인식하기에는 시간이 오래 걸립니다. 그까짓 1만 원, 2만 원씩 모아 어느 세월에 수억 원에서 수십억 원에 이르는 주택이나 건물을 살 수 있을까 하는 회의감이 들기도 합니다.

더구나 젊은 시절에는 짧은 시간에 소위 '대박'을 터뜨리고자 하는 조급함과 자신감이 앞서다 보니 종잣돈의 필요성이나 종잣돈을 모으는데 별 관심을 두지 않습니다. 신속한 결과와 생산성을 중시하는 젊은층은 종자돈의 중요성을 간과하기 십상입니다.

모으는 데 오랜 시간을 필요로 하고, 인내와 꾸준한 노력이 요구되는 장거리 경주와도 같은 종잣돈 모으기. 종잣돈 모으기는 자본적 파워가 생기는 장점 외에도 돈을 모으는 과정에서 재테크를 바라보는 눈이 열리고, 참아내는 좋은 습관을 얻을 수 있습니다. 반면 종잣돈을 모으는 과정 없이 돈이 생기는 대로 투자하는 경우에는 의외의 실패를 많이 경험하게 되는데, 그 이유는 다음과 같이 정리해볼 수 있습니다.

- 돈이 생기면 바로 투자하기 때문에 장기투자 계획이 없다.
- 일정 규모 이상에 투자할 수가 없다.
- 투자 후 빠른 결과를 기다리는 마음에 부화뇌동하여 수익을 낼 기회를 잃는다.
- 주먹구구식 투자로 흐를 가능성이 크다.
- 조급함으로 인해 기다림으로서 얻을 수 있는 기회를 잃는 경우가 많다.

간단히 정리하자면, 단기 이익 창출에 대해 조급한 마음을 갖고 투자에 임하면 아무래도 기다림에 지쳐 여유를 가질 수 없어 섣부른 판단, 잘못된 판단, 왜곡된 판단을 하게 되어 투자가 실패로 귀결될 가능성이 높아집니다.

반대로 종잣돈을 성공적으로 만들어낸 후의 투자는 다음과 같은 장점이 있습니다.

- 시간의 흐름에 대한 인내를 배워 조급함을 많이 내려놓는다.
- 투자액의 규모가 커져 여러 투자 대상을 살펴볼 수 있다.
- 종잣돈을 모으는 동안 여러 대상에 시뮬레이션 투자를 해볼 수 있어 투자효율을 높일 수 있다.
- 목표했던 종잣돈 모으기에 성공함으로써 재테크에 대한 자신감을 갖게 된다.

종잣돈의 중요성과 종잣돈을 효과적으로 그리고 지루하지 않게 성공적으로 모으는 방법을 찾는 것도 재테크 성공에 있어 중요한 요소입니다. 그렇다면 어떤 방법을 통해야만 효과적이고 성공적으로 종잣돈을 모을 수 있을지 알아봅시다.

첫걸음은 예금과 적금

    종잣돈 모으기는 많은 사람들이 보통 조금씩 저축하는 것으로 첫걸음을 떼게 됩니다. 어려서 돼지저금통에 동전을 모으고, 또 회사에 들어가서 월급을 받아 적금통장을 만드는 것이 다 같은 맥락이라 볼 수 있습니다.

    재테크 초보자라도 적금과 예금은 보통 가지고 있습니다. 새롭게 무엇인가를 하기보다 있는 적금과 예금을 활용해 재테크를 시작할 수 있습니다. 그렇다면 효과적이고 효율적으로 적금과 예금을 활용하는 방법이 무엇인지 하나하나 찾아보도록 합시다.

정부에서 인정한 안전한 금융회사 이용하기

예부터 종잣돈을 위해서 부모님이나 선배님들이 은행의 적금통장을 하나씩 만들어주곤 했습니다. 전통적인 방법이고 고전적인 방법이기 하지만 이것만큼은 과거부터 바뀌지 않았다고 확신합니다. 은행통장을 만들어 주는 이유는 안전한 금융회사와 첫 걸음을 시작하라는 의미가 있는 것입니다.

예전에는 소위 사업하는 사람들이나 주부들을 중심으로 한 사적인 금융거래인 '계'라는 것이 있었습니다. 통상 '계주'라는 사람이 '계'라는 모임을 만들어 주변 또는 지인들을 모아 매월 일정 금액을 만들기로 합의하고, 그 내용에 따라 각 계원이 매월 합의된 금액을 모아 돈이 가장 먼저 필요한 사람에게 만들어진 목돈, 즉 계일시금을 지급하는 형태입니다.

일례로 24명의 계원을 모집해 24개월 계를 결성하고, 매월 계원들이 만들어낼 목돈과 매월 납부 금액을 확정한 뒤 실제 계일시금을 가져갈 계원의 순서를 정하게 됩니다. 계일시금을 타가는 첫 번째 대상자는 당연히 대출이자 개념의 금융비용이 포함된 금액으로 매월내는 계금을 납부해야 하고, 그 이후 순서자는 순서가 늦어질수록 계금의 금액이 적어져, 최종적으로 마지막에 계일시금을 타가는 사람은 자기가 낸 금액에다 적금이자라는 개념의 추가 금액을 받아가기 때문에 실제 낸 돈보다 훨씬 많은 돈을 가져갈 수 있도록 짜여져 있습니다.

이는 금융의 기본 개념인 이자를 효과적이고 유기적으로 혼합하여 만들어진 상호부금 형태인데, 금융회사를 통할 경우 수수료 등이 발생하는 데 비해 민간에서 자발적으로 만들어지는 계는 이자 개념만 도입하고 수수료는 감안

하지 않기 때문에 먼저 자금이 필요한 사람도, 나중에 계일시금을 받아가는 사람도 수수료 없이 서로 원만히 돈을 활용할 수 있는 좋은 제도입니다.

그러나 신용에 대한 안전장치가 전제되지 않아 선순위에서 계일시금을 받은 사람이 계속해서 매월내는 계금을 납부해야 하는 의무를 이행하지 않은 경우, 소위 "계가 깨지다."라는 말로 표현되듯이 그 계는 중도에 파하는 경우가 자주 발생합니다. 그래서 근래에는 별로 찾아볼 수 없게 되었습니다.

여기서 이 예를 소개하는 이유는 금융은 상호 신뢰하고 책임과 의무를 다하면 민간에서도 좋은 금융거래를 할 수 있지만, 서로 간의 신용도가 떨어지면 중도에 자금을 잃을 수 있다는 점을 유념해야 하기 때문입니다. 개인적인 금융거래는 피하고, 안전한 금융회사를 이용해야 한다는 의미에서 언급한 것입니다.

특히 민간에서 거래되는 금융의 경우 높은 수익률을 제공한다는 감언이설로 투자자를 현혹하는 경우가 많은데, 이런 형태의 금융거래는 조건이 아무리 좋다 하더라도 피하는 것이 좋습니다.

금리가 높고 안전한 금융회사 이용하기

앞에서 언급한 것처럼 종잣돈을 준비하는 일반적인 방법은 현존하는 금융회사를 이용하는 것입니다. 그런데 금융회사에는 은행 등의 제1금융권 외에도 증권사, 보험사, 투자금융, 단위농협, 저축은행, 신협, 마을금고 등이 있으며, 특히 금융회사별로 취급하는 상품과 운용 방법, 금리 등이 조금씩 다르다는 것을 알고 있어야 합니다.

일반적으로 제1금융권인 은행의 적금 등에 가입할 경우, 제공되는 금리가 낮고, 증권사, 보험사, 투자금융, 저축은행, 마을금고, 신협 등으로 갈수록 금리가 올라가는 경향이 있습니다. 이런 금리의 차이는 금융회사의 신용에서 발생한다고 봅니다. 즉, 신용도가 높을수록 고객에게 지급하는 금리는 낮아지고, 상대적으로 신용도가 낮을수록 금리는 올라가는 형태를 보이는 것입니다.

신용도가 낮은 금융회사라고 극구 회피할 필요는 없습니다. 소위 예금자 보호법상 정부에서 인가한 금융회사에서 취급하는 예금 등에 대해서는 금융회사가 지급불능 상태에 빠지더라도 금융회사별로 1인당 5,000만 원까지 정부가 지급을 보증하고 있기 때문에 그 금액에 대해서만큼은 걱정 없이 높은 금리의 예적금 등을 활용할 수 있습니다.

정부의 지원과 제도를 적절히 활용하기

원래 예금, 적금 등을 통한 소득(원금+이자)에는 이자소득세라는 명목으로 세금을 원천징수합니다. 일반적으로 이자소득세로 14%, 그 세액의 10%에 해당하는 1.4%를 지방소득세로 하여 총 15.4%를 세금으로 냅니다. 그러나 정부는 저소득층, 청년층, 노년층 등 금융 약자의 금융소득에 대해서는 일정 부분의 세금을 감면해주기도 하니 이를 잘 활용하는 것도 종잣돈을 모으는 데 많은 도움이 될 수 있습니다.

비과세종합저축의 경우 한도 5,000만 원까지 발생한 이자소득에 대해서는 이자소득세 전액이 면제됩니다. 즉, 일반적으로 발생되는 이자소득세 14%와 지방소득세 1.4%의 합계인 15.4%가 전액 면제되는 셈이지요. 단, 가입 대상이 제한이 있습니다. 65세 이상 노인, 장애인, 독립유공자와 유족, 수급권자 등에 한해 가입이 가능합니다.

상호금융권의 세금우대 상품도 가입해볼 만한 상품입니다. 신협, 새마을금고, 단위농·수협, 산림조합에 조합원으로 가입하는 경우 원금 기준 3,000만 원까지의 예탁금의 세금은 이자소득세가 없고 농특세 1.4%만 부담하면 됩니다. 다만 2021년 가입분부터는 이자소득세 5%와 농특세 0.9%를 부담해야 하고, 2022년 가입분부터는 소득세 9%, 농특세 0.5%를 부담하니 세금혜택을 받으려면, 가능한 한 빨리 가입하는 것이 좋습니다.

개인 종합 자산관리 계좌인 ISA계좌에 가입하는 경우에도 세금혜택을 받을 수가 있습니다. 매년 2,000만 원까지 최대 5년간, 즉 5년 동안 1억 원까지 가입이 가능한 상품인데, 발생된 이자소득 금액 200만 원까지는 비과세 혜택을 받을 수 있습니다. 법에서 따로 정한 서민(연봉 5,000만 원 이하 또는 종합소득 3,500만 원 이하인 사람)에 해당하는 경우는 이자소득 금액 400만 원까지 비과세 혜택이 가능합니다. 물론 가입상품에 따라 약간의 수수료가 발생한다는 점은 감안해야겠지요.

월 불입금의 일정 부분을 정부가 지원해주는 예금도 있습니다. 청년저축계좌는 가입자 본인이 매월 10만 원의 적금에 가입하는 경우, 정부에서 매월 30만 원씩 지원해주어 월 40만 원의 불입금을 불입할 수 있는 예금입니다. 3년간 정부로부터 1,080만 원을 지원받아 총 1,440만 원을 마련할 수 있는 저축입니다. 가입대상자는 만 15~39세 이하 청년이고, 일반 근로소득자로서 주거, 교육수급가구 중 차상위계층 청년(기준 중위소득 50%)에 해당되며, 직접 행정복지센터를 방문하여 신청하면 됩니다.

장기저축성 보험에 가입하기

생명보험회사, 또는 손해보험회사에서 취급하는 장기저축성 보험의 경우도 이자소득세 등이 전액 비과세되는 상품이 있습니다.

1인당 월 150만 원 이하의 적립금을 5년 이상 불입하고, 만기가 10년 이상인 상품에 가입하는 경우가 이에 해당합니다.

목돈마련상품 가입 시 불입금액을 약간 늘리기

불입 기간은 장기로 갈수록 이자율이 높아지고, 또한 한시적으로 특판상품이 나오기도 하니 금융회사별, 상품별로 금리, 기간 등을 잘 비교해서 선택하는 것이 좋습니다. 특히 주거래 금융회사를 방문해서 특판상품이 나올 경우 미리 연락을 달라고 부탁을 해놓으면 좋은 조건의 금융상품에 가입할 수 있습니다.

통상 금융회사마다 2~3개월 단위로 특판상품이 나오니 때를 맞춰 가입하는 지혜도 필요합니다. 아울러 월 불입금을 조금 과하다 싶을 만큼 올려서

세금우대 금융 상품

상품 종류	적용 세율	상품 내용	비고
일반 금융 상품	소득세 14%, 지방 소득세 1.4%	• 세금 우대 혜택이 없는 금융 회사 취급 일반 금융 상품	정기 예금, 정기 적금 등
비과세 종합저축	이자소득 전액비과세	• 가입 대상: 65세 이상 노인, 장애인, 독립유공자와 유족, 수급자 등 • 가입 한도: 1인 5,000만원	전 금융회사 취급
상호금융권 조합원 예탁금	이자소득세 5%, 농특세 0.9%	• 가입 대상: 상호금융권 조합원 • 가입 한도: 1인 3,000만원	• 상호금융권만 취급 • 2022년 가입분부터 소득세 9%, 농특세 0.5% 적용
개인종합 자산 계좌 (ISA)	이자소득금액 200만원까지 비과세	• 가입 금액: 1년 2,000만원, 최대 5년 • 서민의 경우 이자소득금액 400만원 까지 비과세	• 서민: 연봉 5,000만원 종합소득 3,500만원 이하
청년저축 계좌	일반과세	• 가입 대상: 15~39세 근로소득자로서 주거, 교육 수급 가구 중 차상위 계층 • 월 30만원씩 3년간 지원	행정복지센터에서 신청

불입하는 것도 좋은 방법입니다. 처음에는 버겁다는 느낌이 들지만, 몇 달 동안 불입하면서 통장 잔고가 쑥쑥 늘어나는 것을 보면 절약하며 살아온 세월이 힘들었다는 생각은 사라지고 오히려 뿌듯한 마음으로 바뀌게 됩니다.

더구나 일반적으로 시간이 흐르면서 과거보다는 현재의 수입금액 늘어나는 경향이 있기에 최초 가입 시 조금 많은 금액을 월 불입금액으로 결정해도 괜찮습니다.

다단계 금융회사의 예금이나 투자 권유에 넘어가지 않기

많은 사람이 적은 돈으로 높은 수익을 올리고 싶어 하는 것은 인지상정입니다. 돈을 벌 수 있으면 좋고, 이왕 버는 거 많이 벌 수 있으면 더 좋고, 거기다 큰 힘 안 들이고 벌 수 있으면 그건 금상첨화가 아니겠습니까?

이러한 인간의 편해지고자 하는 심리, 힘 안 들이고 많은 돈을 벌고 싶어 하는 심리를 이용해서 투자를 유인하는 다단계 금융회사들이 주변에 많이 있습니다. 특히 지인들을 통해 정보를 뿌리고 나아가 투자 실제 성공사례까지 들먹거리면서 투자를 권유하는 경우가 무척이나 많습니다. 한 사례를 들어보겠습니다.

A에게 아는 지인이 접근해서 투자에 관련된 정보를 줍니다. 물론 그 지인도 다른 사람의 소개를 받고 실제 높은 수익을 올린, 선의의 투자자일 수도 있습니다. 아무튼 지인의 투자 권유 이야기를 들어보니 소액을 투자했는데 의외로 높은 수익을 올렸다는 경험을 반쯤 자랑하듯이 이야기해줍니다. 그런 이야기를 처음 듣는 입장에서는 허황된 말이라고 치부하면서 귀담아듣지 않는 것이 당연할 것입니다. 실제로 높은 투자수익을 얻은 사람 입장에서는 그 좋은 일을 공유하고 싶은 마음에 열심히 설명하고, 전혀 믿지 않는 지인이 안타까워 정 못 믿겠으면 투자 설명회에 한번 가보자고까지 합니다.

억지로 끌려서 가보면 고급스러운 공간에 그럴듯한 사업 정보를 최신식 프레젠테이션 방식으로 달변의 담당자가 열정을 다해가며 설명을 합니다. 이를테면 연간 수익률 20% 확정 보장을 전제로 그럴듯한 사업 프로젝트를 곁들여서 이야기합니다. 투자 금액이 커질수록 상응되는 보너스가 추가된다는 설명은 기본 중의 기본입니다. 한술 더 떠서는 곧 투자가 마감되고 사업을 진행한다는 일종의 강박관념을 자극하는 말까지 섞으면서 설명합니다.

이쯤 되면 최초 정보를 얻었을 때의 100% 불신에서 반신반의하는 단계로 넘어가게 됩니다. 이때 결정적으로 소액 투자가 과거 몇 달 동안 높은 수익율에 해당되는 실제 수익금이 입금된 통장을 보여주며 자랑 반, 결정장애에 대한 비아냥 섞인 말 반으로 이야기를 이어가면 약간의 조바심마저 발동하게 됩니다. 그리고 곧 투자자를 마감한다는 이야기가 귓전을 맴돌게 됩니다. 이때부터 A의 고민은 시작됩니다.

'투자를 해야 하나? 말아야 하나?' 이런 고민 속에 소개한 지인으로부터 이번 달도 투자수익금이 들어왔다는 소리라도 듣게 되면 의심이 확신으로 바뀌게 되면서 투자의 길로 들어섭니다. 이런 사례에 있어 통상 투자 시기에 따라 다르겠지만, 몇 달간은 투자 설명회에서 이야기했던 수익금액이 통장에 쏠쏠하게 들어옵니다. 투자를 잘했다는 만족감까지 들어 달콤한 행복에 빠져들게됩니다. 오히려 늦은 투자 결정을 후회하면서요.

그러나 투자하고 몇 달이 지나면서부터는 들어오던 수익금이 조금씩 줄어들게 됩니다. 조급하고 불안한 마음에 회사에 문의해도 회사는 "사업에 투자금액이 예상보다 많이 들어가고 있으며, 더 많은 수익을 내기 위해 투자수익금 지급을 조금 줄이고 투자를 확대하는 것"이라고 말합니다. 이 설명을 듣게 되면 어차피 그 회사에 투자한 투자자로서는 회사가 잘 되기만을 바라는 마음이 생깁니다. 수익률이 떨어지는 시점에서 그 회사가 또 다른 먹잇감에 약속한 수익금액을 지급하면서 다른 투자자를 모집하고 있다는 것은 당연히 알 수가 없습니다.

그러다 일정 시간이 흐르고 나면 그나마 들어오던 수익금마저도 딱 끊기게 됩니다. 보통 원금의 20~30% 정도의 투자수익금을 받는 시점이 될 때인데, 원금손실에 당황해서 회사에 연락하면 연락 자체가 안 되는 최악의 상황에 내몰리고 맙니다. 이런 투자는 어디 가서 하소연할 곳도 없고, 당연히 투자금을 회수할 방법 전혀 없어 금쪽같은 투자금만 허공 속에 날리고 마는 것입니다.

소위 다단계 판매 사기, 고수익 펀드 사기 등이 이런 금융사기의 전형적인 표본이고 피해 금액이 적게는 몇백억 원에서, 많게는 수조 원에 이르게 됩니다. 그런데 이렇게 설명을 들으면 아무도 그런 사기를 당할 것 같지 않습니다. 그러나 의외로 이런 금융사기를 당해 금전 피해를 입는 사람이 무척 많다는 것을 우리는 뉴스 등을 통해 알 수 있습니다. 소위 요즘 기승을 부리는 보이스피싱에 당하듯이 말입니다.

투자수익이 기대 이상으로 좋을 거라고 이야기하는 것 자체가 바로 사기의 시작이고, 선량한 투자자를 먹잇감으로 삼고 접근하는 것이라 생각해야 하는데 그것을 간과하기 때문에 이런 사기 피해가 발생하는 것이지요.

이것은 고수익 고위험이라는 경제의 기본 원칙을 순간적으로 망각하는 인간의 심리를 교묘히 악용해서 피해를 입히는 전형적인 사기 수법입니다. 그러니 과도한 수익률을 제시하는 각종 사업 프로젝트 설명회는 가능하면 아예 생각을 끊는 것이 좋습니다.

두 번째 단계, 채권과 펀드

　일정한 금액의 목돈이 만들어지면 소위 종잣돈 불리기를 위한 재투자에 들어가야 하는데, 효과적인 결과를 얻으려면 수익률과 만기일을 조화롭게 연결하는 노력이 필요합니다.

　즉, 목돈을 만들어내는 기간을 어느 정도로 할 것인지와 수익과 위험 사이의 고수익·저위험의 제대로 된 투자 방법을 잘 찾아야 합니다. 아울러 목돈을 가지고 또 다른 수익을 창출하기 위해서는 기간별 계획을 만들어야 하는데, 기간 설정은 단기, 중기, 장기로 나누어서 해야 합니다. 특히 이 책에서는 '꼬마빌딩' 구입을 최종 목표로 삼고 있는데 그 가격이 거액이다 보니 단기는 물론 중기, 장기로까지 계획을 세우는 것이 꼭 필요합니다. 고수익·저위험을 전제로 중기, 장기투자가 가능한 채권과 펀드를 중점적으로 알아보도록 하겠습니다.

수익이 높은 만큼 위험도 큰 채권과 펀드

높은 수익 창출을 위해 목돈을 투자할 때 어떤 상품으로 운용할 것인지를 결정해야 합니다. 목돈 굴리기의 대표적인 금융상품으로 정기예금, 채권, 펀드 등이 있는데, 상품별로, 운용 기간별로 하나하나 꼼꼼히 살펴봐야 합니다.

일단 정기예금의 경우는 위험도가 가장 낮은 목돈 운용 방법이긴 하지만 위험이 적은 만큼 수익률도 낮은 특징이 있습니다. 기간은 단기는 몇 개월에 서부터 시작하며 길게는 3년짜리도 있습니다.

펀드의 경우는 종류도 다양하고 높은 수익률을 기대할 수 있는 반면, 높은 위험에 노출되는 상품도 많다는 것을 염두에 두어야 합니다. 특히 상품 설계가 주식 위주, 특히 개별 주식으로 설계되어 있는 펀드의 경우는 위험성이 다른 펀드 상품에 비해 높기 때문에 투자 시 세심한 주의가 요구되고 전문가의 조언도 빠짐없이 들어야 합니다.

이외에도 다른 나라의 주식시장에서 현재의 거래 상황인 주식시황과 연계하여 설계한 해외 주가연동 펀드, 원자재를 기초자산으로 설계한 원자재 펀드, 신흥국경제를 기초자산으로 하는 이머징 펀드 등 펀드의 종류도 무척 다양한데, 그 구체적인 설계 내용을 사전에 면밀히 살펴봐야 합니다.

채권의 경우는 국가에서 발행한 국채, 지방자치단체에서 발행한 지방채, 금융회사에서 발행한 금융채, 일반 회사에서 발행한 회사채, 해외에서 발행한 해외 채권 등이 있고, 이자 지급 방식에 따라 이표채, 단리채, 복리채 등이 있습니다. 또 채권의 만기나 우선순위 등에 있어 영구채, 단기채, 장기채, 전환사채, 교환사채 등 이루 말할 수 없을 정도로 종류가 많이 있습니다. 당연히 채권의 금리는 시중 실세 금리와 신용도 등을 반영한 것이라 채권마다 모두 다 다릅니다. 그래서 채권이나 펀드 투자는 투자 전에 전문적인 지식을 쌓는 것이 필수입니다.

채권의 등급

국채나 지방채 또는 금융채인 경우 위험도가 거의 없거나 아주 낮기 때문에 상응되는 금리나 기대수익률 또한 높지 않습니다.

회사채의 경우 채권을 발행한 회사의 신용도가 좋은 경우 안정성이 높으니 당연히 금리나 기대수익률이 낮고, 반대로 신용도가 중간 이하의 경우 금리나 기대수익률은 올라가는 현상이 나타납니다. 그래서 신용평가회사에서는 국가별 신용등급을 비롯하여, 회사별 신용 정도를 분석하여 발표합니다.

우리나라 신용평가회사에서는 채권 발행 주체에 대해 신용등급을 아래와 같이 18개 등급으로 나누어 평가하게 됩니다. 물론 외국 신용평가회사의 신용등급 평가나 등급은 각자 다를 수 있으므로 해당 신용평가회사의 신용등급 표시 방법을 알아두는 것도 중요합니다.

〈채권 발행 주체에 대한 신용등급 분류〉

등급	신용 상태	투자 적격 여부
AAA	최우량	투자 적격 등급
AA+	매우 우량	
AA		
AA−		
A+	우량	
A		
A−		
BBB+	양호	
BBB		
BBB−		
BB+	보통 이상	투자 부적격 등급
BB		
BB−		
B	보통	
CCC	보통 이하	
CC		
C	미흡	
D	매우 불량	

기본적으로 BBB- 이상은 투자 적격 등급으로 분류하고, BB+등급 이하는 투자 부적격 등급(즉, 투기 등급)으로 구분합니다. 같은 투자 적격 등급이라 하더라도 BBB-등급에서부터 그 이상으로 올라갈수록 신용도가 좋아지기 때문에 기대수익률은 점점 낮아지고, 반대로 같은 투자 부적격 등급이라도 BB+등급 이하로 내려갈수록 신용도가 낮아지기 때문에 기대수익률은 점점 더 높아지게 됩니다. 당연히 그에 상응되는 위험도는 커지거나 작아지면서 투자수익률에 영향을 미칩니다.

특히 만기 전 양수도(讓受渡)가 가능한 채권에 투자하는 경우 향후 금리의 변동추이도 관심 있게 살펴봐야 합니다.

즉, 향후 금리가 상승할 것으로 예상되는 경우에는 먼저 만기가 짧은 채권에 투자한 뒤, 만기 후의 상승된 금리의 채권에 재투자해야 합니다. 반대로 금리가 하락할 것으로 예상되는 경우는 예상되는 미래의 낮은 금리보다 현재 높은 금리로 발행된 채권에 투자하여 안정적인 수익을 만들어가는 것이 중요합니다.

요즘같이 저금리 시대에서 높은 수익을 내기가 쉽지는 않지만 채권투자에 있어 이런 요소들을 감안하여 투자하는 경우 좋은 효과를 기대할 수 있습니다.

그 외에 환매조건부 채권 등에 관심을 가져보는 것도 좋을 듯합니다.

조금은 위험한, 주식

　동학개미, 서학개미, 벼락부자, 따상, 영끌투, 빚투 등 수많은 신조어를 탄생시키고 있는 주식시장은 환상과 꿈의 시장이기도 하지만 반대로 폭망과 패가망신의 장으로 변할 수도 있는 무척 흥미롭지만 한편으로는 위험한 곳입니다. 기회의 시장이라 표현하는 사람도 있는 반면, 맹수들이 우글거리는 정글이라고 표현하는 사람이 있는 것만 보더라도 좋을 수도 나쁠 수도 있는 변화무쌍한 곳이라는 것을 쉽게 알 수 있습니다. '꼬마빌딩' 구입을 목표로 하는 입장에서라면 굳이 주식시장의 문을 노크할 필요는 없습니다만, 그래도 자본주의사회에서 엄연히 존재하는 재테크시장이다 보니 조금은 알아두어야 할 것 같습니다. 어쨌거나 많은 돈이 투자되고 있는 큰 시장이기 때문이지요.

관망하고 연구하고 다시 생각하라

주식시장처럼 쉽게 접근 가능하며 수익률의 변화가 춤추는 시장은 아마 현존하는 재테크시장에서 주식시장 외에는 없을 것입니다. 물론 더욱 변화의 파도가 큰 곳을 굳이 꼽으라고 한다면 카지노나 경마장도 있습니다만, 카지노나 경마장은 재테크시장으로 볼 수 없는 도박장이니 여기서는 제외하도록 하겠습니다.

이처럼 변화무쌍한 주식시장에서 원하는 수익을 거두기 위해서는 주식시장에서의 자제력을 키워야 합니다. 충동 매수도 입소문 매수도 느낌 매수도 기분 매수도 과도한 신용 매수도 실패를 자초하는 지름길입니다.

특정 산업이나 회사에 대한 정보를 수집하고 꾸준히 배우면서 투자 대상 종목을 발굴하고 그 후에도 지속적으로 연구하고 검토해야 합니다. 혹자는 그러다가 좋은 주식의 매수 타임을 놓치는 것 아니냐라고 의문을 갖기도 하지만, 그 매수 타임 타령을 하는 자체가 자제력 상실의 대표적인 현상입니다. 당장 사야 하는 그 주식 말고도 연구, 검토하면 더 수익을 높일 수 있는 종목이 수없이 많기 때문에 어느 특정 종목에 예속되는 것은 무척 위험합니다.

흙 속에 묻혀있는 진주 같은 주식은 수없이 많고, 서두르지 않아도 노력하면 언제든지 발견할 수 있습니다. 그렇게 참고 기다릴 자신이 없다면 아예 주식시장에 얼씬거리지도 않는 것이 오히려 재테크 시장에서 살아남는 비결입니다.

주식시장은 거대한 골리앗과의 싸움

주식시장 참여자인 개인 투자가는 대부분 정보도, 자금도 아주 미미한 개미에 불과합니다. 그런데도 골리앗과 같은 괴물이나 거인이 존재하는 주식시장에서 이 거대한 존재 자체를 인정하지 않거나, 혹 인정하더라도 맞닥뜨려 이길 수 있다고 객기를 부리거나 혹은 존재를 순간순간 잊고 투자하는 경우가 많습니다. 그러나 기관 투자가, 외국인, 큰손, 작전세력 등 수많은 거인들이 존재하는 주식시장에서, 그 거인들이 먹잇감을 찾아 하이에나처럼 돌아다니는 상황에서, 그들 눈에는 개미들은 한낱 맛있는 먹잇감에 불과할 뿐입니다.

거인들은 우리 개미들을 잡아먹기 위해 나무 위에도, 물속에도, 풀숲 아래에서도 눈을 번득이며 먹잇감을 찾아 소리도 없이 돌아다니고 있습니다. 어쩌면 투명인간처럼 느껴집니다. 이 거인들은 어마어마한 자금력, 정보력, 시장 지배력을 가지고 늘 자신들의 배를 채우기 위해 혈안이 되어 있습니다.

주식투자를 할 때는 먼저 이 같은 거인들이 늘 도사리고 있는 시장에 내가 들어간다는 생각을 명심하고 그에 따라 신중히 행동해야 합니다.

주식은 단기에 사서 단기에 파는 투자 기술이 아니다

주식은 카드놀이에 비교되곤 합니다. 카드놀이를 할 때 어느 한쪽에 계속 배팅하는 경우, 과연 그 카드놀이의 승자는 누구일까요? 경험해보신 분들은 알겠지만, 그 경우 카드 기술이 좋은 사람이 승자가 되는 것이 아니라 밑천이 많은 사람이 승자가 됩니다.

단기투자의 경우 성공하는 사람도 분명 있기는 하지만 계속된 단기투자는 결국 거인들로 표현되는 거대자본을 가진 투자자의 배를 불리는 결과로 귀결됩니다.

서두르지 말고 미래지향적인 산업을 찾아내고, 그 안에서 좋은 종목을 또 고르고, 다시 시간과 상황과 환경을 잘 판단하여 오를 만한 주식을 찾아내는 것이 거인들이 우글거리는 정글에서 개미들이 그나마 생존할 수 있는 방법이라 할 수 있습니다.

특정 종목에 올인하지 않는다

주식시장과 관련 속담 중에 '계란은 한 바구니에 담지 않는다.'라는 말이 있습니다. 즉, 위험이 발생할 경우 그 위험을 상쇄시킬 수 있는 적절한 안전장치 없는 투자는 폭망의 지름길이라는 뜻입니다.

위험을 분산시키고 투자의 효율성을 극대화하기 위해서는 자산의 내용을 적절히 안분하여 투자하는 것이 바람직하고 아울러 주식을 투자할 때도 모든 자산을 한 종목에 몰빵하는 것이 아니라 여러 종목으로 나누고 특히 현금 보유 비중을 일정량 유지하는 등 적절한 유동성을 확보하는 것도 중요한 일입니다.

사업투자(비상장주식)의 위험성 바로 알기

아주 어려운 투자 중의 하나가 직접 사업체를 만들거나, 또는 사업체를 운영하는 지인, 가족 등과 동업하면서 지분을 취득하는 것입니다.

이 방법은 경험이 있거나 잘 아는 분야에 대해 발전성, 성장성, 미래성, 대표자의 성실성과 신뢰성 등을 지근거리에서 정확히 파악할 수 있기 때문에 투자 결정을 내릴 때 바르게 판단할 수 있다는 장점이 있기는 합니다. 그러나 새로이 시작하는 사업체이다 보니 검증되지 않은 요소들이 많이 있어 미래의 성공 가능성을 점치기 어렵고, 설령 투자했더라도 수시로 발생하는 각종 리스크로 인해 사업의 성장 가능성이 지극히 제한적이라는 부분이 단점으로 지적됩니다.

이미 운영되고 있는 사업체에 대한 투자도 역시 급격한 산업환경의 변화에 제대로 적응하면서 성장할 수 있을지에 대한 의문이 있기 때문에 결코 쉬운 결정이 아닙니다. 특히 지인의 간곡한 부탁이나 과거 지인의 경험, 경력 등을 과도하게 평가할 수도 있고, 나아가 경영 참여라는 혜택을 조건으로 제안해오는 경우도 있습니다만, 신생사업 또는 지분 참여를 제안할 정도의 사업체라면 좋은 결과를 기대하기는 쉽지 않습니다.

물론 경우에 따라서는 괄목할 만한 사업 성과가 나오고 또 미래 발전으로 인해 주식을 일반 대중에게 분산하는 기업공개 절차까지 가는 경우가 있기는 합니다만, 그렇게 성공 가도를 달리는 비상장회사가 거의 없다는 것이 최근의 현실입니다.

그러므로 사업체 지분투자는 여러 투자 방법 중에 가장 어렵고, 안정적인 수입을 창출하기 어려운 투자 방법이라는 것을 꼭 알고 있어야 합니다.

부동산은 다른 재화와는 다른 독특한 특성이 있습니다. 바로 '확대 재생산'이 안 된다는 것입니다. 그래서 인간이 이 땅에 발을 딛고 살아가기 시작한 이래, 부동산은 소유하고 싶은 욕망의 대상이 되었고, 결국 많은 사람이 '꼬마빌딩'에 로망을 갖고 도전하게 되었습니다.

Chapter 4

꼬마빌딩의
주인이 되기 위한
기초작업 스타트!

부동산을 갖고 싶어 하는 마음은 누구에게나 있습니다.

인간의 주거와 활동 공간의 가장 기본이 되는 것이 땅과 건물이기 때문입니다. 그런데 부동산은 다른 재화와는 다른 독특한 특성이 있습니다. 특히 토지의 경우는 그 특성이 절대적인데, 바로 '확대 재생산'이 안 된다는 것입니다.

일반적인 재화, 특히 공산품이나 농산물은 여러 기술의 진보와 과학의 발달, 그리고 인간의 끊임없는 연구로 품질 향상은 물론 대량생산으로까지 영역을 넓혀가고 있지만, 토지만큼은 확대 재생산의 개념으로는 접근할 수 없습니다. 물론 건축물의 경우 고층화나 지하화 등으로 일정 부분의 공간을 추가로 확보할 수는 있습니다만, 토지는 그 한계가 무척 제한적입니다.

그러다 보니 인간이 이 땅에 발을 딛고 살아가기 시작한 이래, 부동산은 모두가 소유하고 싶은 욕망의 대상이 되었고, 확대 재생산이 안 되는 제한된 재화이다 보니 투기의 대상으로까지 나아가게 된 것이 아닌가 하는 생각이 듭니다.

많은 사람이 '꼬마빌딩'에 로망을 갖고 있는 것도 이런 토지의 환경적 특징 때문입니다. 많은 이가 로망을 품고 도전하는 시장인만큼 쉽지 않은 도전 과제이긴 하지만 이런 이유로 도전해서 성취해야 할 충분한 가치가 있는 것입니다.

어려운 도전, 힘든 실천의 길로 들어섰다면 이왕이면 좋은 부동산, 가치가 오를 만한 부동산, 남의 눈에 잘 띄는 부동산을 찾는 것도 '꼬마빌딩 건물주 되기' 도전에 곁들여야 할 중요한 부분입니다.

자~ 좋은 부동산 찾으러 떠나봅시다.

왜 꼬마빌딩인가?

꼬마빌딩은 이익 창출에 가장 효과적

어차피 이 세상을 살아가기 위해서는 경제적인 부분을 어느 정도는 해결해야 합니다. 일상생활을 영위하는 데에는 돈이 있어야 합니다. 그 수입을 만들기 위해 모두 열심히 일하고 또 부단히 노력합니다. 돈을 버는 여러 방법 중에서 '좀 더 편하게 돈을 벌 수 있는 방법은 과연 무엇일까?' 하는 생각도 누구나 갖고 있습니다.

그래서 많은 이들이 근로소득이나 사업소득 외의 자본적 소득에 관심이 많습니다. 자본적 소득이란 쉽게 이야기해서 불로소득이라고도 하는데, 그 중에는 금융소득과 임대소득이 대표적입니다. 사실 임대소득은 금융소득만큼 불로소득은 아니지만, 아무튼 근로소득에 비해 좀 더 편하고 쉽게 돈을 벌 수 있는 것으로 인식되어 있기 때문에 그런 표현들을 하는지도 모릅니다.

임대사업 대상에는 장비 임대업, 창고 임대업, 자동차 임대업, 선박 임대업 등 많은 종류가 있습니다만, 많은 사람이 부동산 임대업을 가장 선호합니다. 다른 임대사업의 경우 전문적인 지식이 있어야 효과적인 임대사업을 영위할 수 있는데 비해 부동산 임대업은 그 정도까지 전문적인 지식이 필요한 것은 아니기 때문에 일반인들이 많이 선호하는 것입니다.

부동산에는 토지, 임야, 건물, 상가 등 많은 종류가 있습니다. 그러나 부동산으로 임대소득을 올릴 수 있는 종류는 대부분 건물을 임대하는 정도인데, 그중에서도 임대소득을 많이 올릴 수 있는 부동산은 상가, 아파트, 오피스텔 그리고 빌딩, 빌라 같은 건물입니다.

그런 이유로 당연히 상가와 아파트 그리고 오피스텔과 빌딩 등에 관심을 가진 사람이 많아졌지만, 상가나 오피스텔의 경우는 노후화가 걸림돌이 되며, 아파트의 경우는 임대소득과 가격 상승의 두 마리 토끼를 잡을 수 있는 좋은 투자 대상이지만 보유함에 따른 많은 세금이 부담됩니다. 근사한 빌딩은 가격이 너무 비싸 일반인들이 구입하기는 금전적 부담이 매우 큽니다.

그래서 빌딩 중에서도 작은 크기의 꼬마빌딩은 가격도 적절하면서 일정 수준 이상의 임대소득을 올릴 수 있고, 또 부동산 가치가 상승할 수 있다는 여러가지 장점이 있어 많은 사람이 투자 대상으로 관심을 두고 있습니다.

보유에 따른 부동산 가치의 상승 가능성

부동산은 확대 재생산이 제한적이기 때문에 가지고 있는 것만으로도 가치 상승이 나타날 수 있는 가능성이 큽니다. 실제로 대한민국 정부가 수립된 이후 몇몇 경우를 제외하고 지금까지 부동산 가격은 우상향 가격곡선을 보이고 있습니다. 그래서 많은 사람에게서 부동산에 대한 보유 욕구가 강하게 나타나는데, 그렇다고 모든 부동산의 가격이 천편일률적으로 상승하는 것은 아닙니다. 종류에 따라 내려가는 것도 있을 수 있고, 혹 오르더라도 적게 오르는 경우도 많이 있습니다.

실제로 상가나 오피스텔의 경우 가격이 오를 수 있는 소지는 있으나 해당 건물의 대지 지분이 적다 보니, 그로 인한 가치 상승의 기대치가 제한적으로 나타나게 됩니다. 여기에 비해 꼬마빌딩은 나름대로 일정 부분의 토지를 확보하고 있어 시간이 지나면서 가치 상승 반영폭이 상당이 높아진다는 것도 그 장점입니다. 특히 지역의 개발 호재를 통한 가치 상승 효과, 건물 리모델

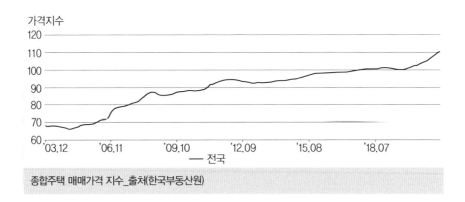

종합주택 매매가격 지수_출처(한국부동산원)

링 등을 통한 가치 상승 기대 그리고 내부관리 효율화 등으로 인한 가치 상승 등, 다방면에 걸쳐 가치가 오를 것이라는 기대치가 있기 때문에 꼬마빌딩에 대한 선호도가 높은 것입니다.

부동산시장의 미래, 노후 준비, 활용도 등 여러 가지 요소를 고려해보았을 때 꼬마빌딩은 시간이 흐를수록 더 많은 사람의 관심을 받게 될 것입니다.

다용도로 활용가치가 높은 꼬마빌딩

일반적으로 부동산, 특히 임대소득을 얻기 위한 임대용 부동산은 말 그대로 갖고 있는 부동산의 사용권을 다른 사람에게 넘기고 그 대가로 임대료를 받는 것입니다.

오피스텔의 경우는 전체를 소유자가 사용하거나 아니면 임차인에게 넘겨주고 임대료를 받고, 아파트나 상가의 경우에도 거주하거나 장사를 하는 것이 아니라면 임차인에게 사용권리를 넘기고 임대료를 받는, 즉 양자 선택에 국한되는 임대용 부동산입니다.

이에 비해 꼬마빌딩은 전체를 내가 사용할 수도 있고, 전체를 임대할 수도 있으며, 일부는 임대를 하고 일부는 직접 사용할 수도 있습니다. 나아가 일부는 상가나 사무실 등으로 사용할 수도 있고, 또 일부는 주거용 또는 임차인과의 공동 커뮤니티로 사용할 수도 있습니다. 옥상이나 여유 공간 등은 단독으로 사용할 수도 있지만, 정원이나 도심 바비큐장으로 공유하여 사용할 수도 있습니다. 즉, 꼬마빌딩은 다방면으로 활용이 가능한 부동산이기 때문에 더욱 주목받는 것입니다.

특히 노후에 일정 부분은 상가나 사무실로 다른 사람에게 임대하여 소득을 얻을 수 있고, 또 일정 공간은 자신의 주거 공간 및 취미 공간으로 사용이 가능하기 때문에 노후를 대비하는 차원에서도 그 가치가 높습니다.

부동산 세금에서 유리한 꼬마빌딩

부동산에는 세금이 많이 발생합니다. 취득할 때 취득세, 보유할 때는 재산세, 일정 수준 이상의 가격이 될 때에는 종합부동산세 그리고 양도할 때는 양도소득세 등을 내야 합니다.

특히 주택의 경우 1가구 1주택자는 세제상의 혜택이 주어지는 데 비해 2주택 이상의 다주택자가 될 경우는 반대로 중과세율로 세금이 부과됩니다.

반면 꼬마빌딩은 카멜레온처럼 활용할 수 있다는 장점이 있습니다. 일단 주택이 없는 경우 주택 형태의 단독주택을 구입하면 당연히 1주택자이기 때문에 취득세나 종합부동산에서 비교적 유리합니다. 그러나 '주택'이기 때문에 가격이 오르게 되면 그때부터는 종합부동산세를 부담하게 되는데, 이럴 때는 근린생활시설로 용도변경하여 단독주택에서 일반 건물로 용도를 바꾸면 종합부동산세에서 제외되는 효과를 볼 수 있습니다.

특히 단독주택이나 상가, 아파트 등은 과세표준 결정 시 공시가격으로 일괄 적용되는 데 비해 일반 건물로 용도변경된 꼬마빌딩은 토지는 토지 개별 공시지가로, 건물은 건물 시가표준으로 과세표준이 결정됩니다. 아울러 건물

평가 시 건물의 효용이 지속되는 기간인 내용연수를 적용하여 그 경과 기간만큼을 감가상각(토지를 제외한 고정 자산에 생기는 가치의 소모를 셈하는 회계상의 절차. 고정 자산 가치의 소모를 각 회계 연도에 할당하여, 그 자산의 가격을 줄여감)해서 과세표준을 낮춰주기 때문에 역시 세금을 적게 낼 수 있습니다.

세법과 건축물 용도변경 등의 법령을 잘 활용할 경우 세제상의 효과를 볼 수 있다는 장점이 꼬마빌딩에는 있는 것입니다.

환금성이 뛰어난 꼬마빌딩

자산을 운용할 때 관심을 두어야 하는 부분이 환금성입니다. 환금성이란 자산을 얼마나 빨리 현금화할 수 있느냐는 것입니다. 물론 어떤 자산이든 손해를 감수하고서라도 싸게 팔면 금방 현금화시킬 수 있습니다. 다만 여기서의 환금성은 가지고 있는 가치를 손해 없이 현금화시키는데 얼마만큼의 시간이 걸리느냐로 평가해야 하는 것입니다.

통상 현금은 100% 환금성이 좋고, 그다음이 은행 등 금융회사에 예치한 입출금이 자유로운 요구불예금, 그다음이 정기 예·적금, 그다음이 주식, 채권 등이 될 것입니다. 당연히 부동산은 환금성이 금융자산에 비해 현저히 떨어지지만 꼬마빌딩의 환금성은 다른 부동산에 비교해서 좋은 것으로 평가되고 있습니다.

꼬마빌딩의 경우 임대소득이 발생하는 부동산이기 때문에 매수 의사를 가진 구매자가 일반 토지나 임야 등에 비해 훨씬 많기 때문입니다. 아울러 필요할 경우 월 임대료를 임대보증금으로 전환해서 현금을 확보할 수 있고, 또 금융회사로부터 대출을 받을 때도 타 부동산보다는 훨씬 좋은 조건으로 많은 대출을 받을 수 있습니다.

건물주 위상과 안정적인 노후 대비

사실 건물주가 되고자 하는 마음은 누구에게나 있습니다. 오죽하면 '조물주 아래 건물주'라는 웃픈 신조어가 생겼겠습니까?

물론 건물주 되기가 쉽지는 않지만, 꼭 되어보고 싶은 로망이 있는 것도 사실입니다. 그렇기 때문에 어렵다고 생각되었던 건물주가 정말로 되었을 때, 자기 만족감이 무척 높아지게 됩니다. 아울러 그렇게 부러워했던 인근 건물주들의 모임에도 자연스럽게 참석할 수 있는 권리도 생기게 됩니다. 나아가 가족들에게도 무엇인가 실체적 건물을 소유하고 있다는 것을 보여줌으로써 보이지 않는 존경심을 받을 수도 있을 것입니다.

더구나 당장은 사회활동을 하기 때문에 생활하는 데 경제적 문제는 없지만, 꼬마빌딩을 갖게 되면 지금의 경제활동이 끝나고 은퇴하는 나이가 되더라도 이미 일정 부분 노후 준비가 되어 있다는 생각이 들어 현재의 생활도 무척 안정적으로 할 수 있습니다.

누구에게나 노후, 은퇴는 다가오는 미래이고 젊어서 이를 얼마나 빨리, 효과적으로 준비하느냐가 젊은 시절에 준비해야 할 하나의 과제인데 이를 미리 준비해놓았을 때의 안정감은 나름 상당한 의미를 갖고 있다고 봐야 합니다.

　이런저런 이유로 꼬마빌딩은 꼭 구입해서 건물주가 되어 운영하는 것은 우리의 로망이자 미션이라 생각됩니다.

어떤 꼬마빌딩을 사야 할까?

사실 '꼬마빌딩'이라는 사전적 단어는 없습니다. 이해를 돕기 위해 설명해 보자면 단독주택이나 아파트 또는 연립주택처럼 오로지 거주의 목적으로 지어진 건물이 아니고 다용도로 활용하는 건물이라고 지칭하는 단어라 할 수 있습니다. 통상 그런 건축물을 빌딩이라 합니다. 그러나 빌딩은 업무시설과 판매시설이 혼재된, 느낌상 비교적 큰 건물을 지칭하기 때문에 우리가 이야기하는 꼬마빌딩은 거주용 건축물이 아닌, 최소한 건축물대장상 주용도가 근린생활시설로 등재된 작은 건물을 말한다고 보면 무난할 것입니다.

물론 단독주택이라 하더라도, 근린생활시설로 용도변경이 가능한 것은 꼬마빌딩의 범주에 포함시킬 수 있고, 사실 이런 용도변경이 가능한 단독주택을 찾아내어 구입하는 것도 상당히 성공적으로 꼬마빌딩의 건물주가 되는 방법의 하나입니다.

통상 꼬마빌딩의 가격은 매입가 기준 15억 원~30억 원 정도 토지면적은 40~60평(130~200㎡), 층수는 2~5층, 건물면적은 60~100평(200~330㎡)정도의 규모를 말한다고 보면 됩니다. 물론 이보다 크거나 작을 수도 있지만 그것은 구입할 때 가격, 용도와 특성에 맞춰 선택하면 될 듯합니다.

꼬마빌딩을 구입하는 방법으로는 단독주택을 사서 꼬마빌딩으로 개조하는 방법도 있고, 허름한 주택이나 공장 등을 꼬마빌딩으로 개조하거나, 나대지(지상에 건축물이나 구축물이 없는 대지) 등을 구입하여 꼬마빌딩을 신축하는 방법도 있습니다.

이미 꼬마빌딩 면모를 갖춘 건물은 여러 가치가 많이 반영되어 있어 가격도 비싸고 맘에 딱 드는 물건을 찾아 내기도 쉽지 않습니다. 오히려 일부 손을 대고 개조하거나 리모델링할 수 있는 단독주택이나 폐공장 등을 찾아 내 스타일로 바꿔보는 것도 좀 더 저렴한 가격에 내 맘에 맞는 꼬마빌딩을 얻는 좋은 방법이 될 수 있습니다.

어떤 꼬마빌딩을 살 것인지는 사람마다 생각하는 수준이 모두 다를 것입니다. 혹자는 자그마하고 가능하면 타인으로부터의 차입금을 최소화하는 것을 목표로 하기도 하고 혹자는 차입금이 좀 많더라도 좀 더 큰 빌딩을 원하는 경우도 있고, 또는 주거와 임대를 혼용해서 운용하거나 아니면 임대 전용으로 생각하는 투자자도 있을 것입니다. 또 실제적으로 어느 정도의 돈을 모을 시간적 여유가 있고 또 어느 정도 규모, 얼마만큼을 다른 사람(혹은 금융회사)의

돈으로 충당하여 건물을 살 것인지도 사람들마다 생각이 다를 것입니다.

물론 초보자 입장에서는 좋은 건물을 찾아내는 것도 쉽지 않은데, 하물며 자금을 만들어내고 또 모자라는 자금을 어떻게 조달한 것인지, 임대수익률은 얼마나 되는지 계산해낸다는 것은 무척 어려운 일입니다. 그래도 의지를 갖고 도전한다면 충분히 이루어낼 수 있다고 확신합니다.

꼬마빌딩을 사기 전에 준비된 종잣돈, 매매 가격, 구입 예정 기간 등에 따른 상황을 살펴봅시다.

〈꼬마빌딩 구입 전 상황 조건들〉

꼬마빌딩 가격	준비된 종잣돈	연간 저축 가능 금액	구입 예정 시기	타인자금 조달 금액	목표 수익률	임대/주거 비중
10억 원	5,000만 원	2,000만 원	향후 5년	5억 원	2%	전부 임대
15억 원	1억 원	3,000만 원	향후 10년	10억 원	3%	3/4 임대
20억 원	3억 원	5,000만 원	향후 15년	15억 원	5%	1/2 임대
25억 원	5억 원	7,000만 원	향후 20년	20억 원	7%	1/4 임대
30억 원	7억 원	1억 원	향후 25년	25억 원	10%	전부 자가

*각각의 조건은 개인별 원하는 수준으로 맞출 수 있음

꼬마빌딩을 구입하고 운영하는 데 있어 사람마다 상황은 가지각색입니다. 그러나 더 중요한 것은 건물 보는 방법, 좋은 건물 찾는 방법, 구입 시 주의해야 할 사항 등 일반적인 상황을 먼저 확인해보는 것이라 생각합니다.

일반적이고 포괄적으로 좋은 부동산 살펴보는 방법 등을 알아보고 이를 토대로 기초적인 부동산 지식을 확보한 뒤, 진정 좋은 부동산 보는 지혜와 식견을 바탕으로 여러 사례에 맞는 합리적이고 실현 가능한 꼬마빌딩 구입법을 알아보도록 하겠습니다.

사실 좋은 부동산을 보는 기초적인 지식과 식견이 없는 상태에서는 구체적 사례를 설명해도 내용이 머릿속에 알알이 들어오기 힘들고 또 공감 정도가 많이 떨어지기 때문에, 먼저 기본적인 부동산 정보와 개념을 알아보고 출발하는 것이 순서에 맞을 것 같습니다.

여러 조건들에 대한 모든 경우의 수를 찾아볼 경우 위의 표에 있는 5가지 사례에서도 수백 개 이상의 케이스가 나오리라 생각합니다. 그러나 모든 사례에는 겹치는 부분들도 많이 나타나기 때문에 그중 발생 가능성이 높은 상황 중심으로 케이스를 만들어 6장에서 자세히 설명토록 하겠습니다. 상기와 같은 여러 조건을 몇몇 가지로 조합해 목표수익률을 달성하면서 안정적으로 건물을 매입한 후 건물을 관리하는 방법, 발생하는 세무 문제 등 일반 관리 방법에 대해서는 7장에서 구체적으로 알아보도록 하겠습니다.

먼저 기본적인 부동산 지식부터 점검해봅시다.

03

부동산 공적대장의
종류와 용어 익히기

건축물의 종류에는 어떤 것들이 있을까?

건축물은 인간이 건설하는 공간물체로, 지붕과 기둥, 벽이 있고 문과 담, 지하 등이 설치되는 건축설비를 말합니다. 즉, 건축자재를 가지고 토지 위에 만들어낸, 사람이 사용할 수 있는 공간물이라 표현할 수 있습니다.

실제 건축물은 주택과 상가로 나누어집니다. 주택에는 아파트, 단독주택, 다세대주택 등이 포함되고, 상가는 근린생활시설, 업무시설, 빌딩이 해당됩니다. 상가와 주택이 같이 있는 상가주택도 건축물에 포함이 되는데, 일반적으로 꼬마빌딩이라 함은 대부분 근린생활시설 또는 상가주택 겸용 건물이라고 할 수 있습니다. 물론 단독주택도 구입 후에 근린생활시설로 용도변경을 할 수 있으므로, 단독주택에 대해서도 관심을 갖고 봐야 합니다.

좀 더 구체적으로 상가를 구분해보면 다음과 같이 종류별로 설치가 가능한 업종들이 있습니다. 즉, 이런 용도의 건축물이 아닌 경우 해당 업종의 영업이 불가능하기 때문에 건물을 구입할 때는 이러한 건축물의 용도를 미리 살펴보는 것도 무척 중요합니다.

〈용도별 건축물의 종류〉

구분	설치 가능 업종
제1종 근린생활시설	* 일용품 등의 소재점(바닥면적 1,000㎡ 미만) * 휴게음식점, 제과점(바닥면적 300㎡ 미만) * 이·미용원, 목욕장, 세탁소 등 * 탁구장, 체육도장, 병·의원, 금융업소, 부동산 중개사무소 등
제2종 근린생활시설	* 공연장, 종교 집회장(바닥면적 500㎡ 미만) * 자동차 영업소, 서점, 사진관, 표구점 * 휴게음식점, 제과점, 일반음식점, 학원, 독서실, 기원, 체력 단련장 * 금융업소, 부동산 중개사무소, 다중생활시설 * 제조업소, 수리점, 단란주점 등
업무시설	* 제1종 근린생활시설에 해당되지 않는 국가나 지방자치단체 청사 등 * 제2종 근린생활시설에 해당하지 않는 사무소, 신문사, 금융업소 등 * 오피스텔
판매시설	* 도소매 시장 등 근린생활시설에 포함되지 않은 상점 등
숙박시설	* 호텔, 모텔 등 다중생활시설
위락시설	* 카지노, 유흥주점, 무도장 등 * 제2종 근린생활시설에 포함되지 않은 단란주점

부동산의 공적대장은 무엇인가

건축물 및 토지의 공적대장은 무엇일까요? 우리나라에 소재하는 모든 부동산에 대해서 정부가 일괄적으로 그 내용을 정리하고 공지하는 방법으로 공적 대장 작업을 하게 됩니다. 이는 부동산에 대한 정확한 정보의 기재, 정리해서 정부가 부동산을 효율적으로 관리하고 좋은 정책을 개발하고 시행하며, 또 부동산의 관련자에게 정확한 정보를 제공하기 위해서 정부가 책임지고 직접 관리, 발급하는 장부입니다.

종류로는 아래의 6가지가 있습니다.

- 등기사항전부증명서(토지, 건물, 집합건물)
- 건축물대장(일반건축물대장, 집합건축물대장)
- 토지대장(임야대장)
- 토지이용계획확인서
- 지적도(임야도)
- 개별공시지가 확인서

등기사항전부증명서[토지, 건물, 집합건물]

대법원 관할 등기소에서 발급해주는, 건물 및 토지에 대한 각종 상황을 일목요연하게 정리하여 보여주는 공적인 대장입니다.

쉽게 설명하자면 등기사항전부증명서(토지)의 경우 [표제부], [갑구], [을구]로 나누어지는데, [표제부]에는 이 토지는 어디에 위치하며, 크기는 어느 정도이고, 어떤 사유로 등기가 되어있는지 설명합니다.

[갑구]에는 소유권에 대한 사항이 등재되는데, 소유권과 관련된 각종 내용

이 들어갑니다. 이를테면 전 소유자, 현 소유자의 주소와 이름, 관련된 주소 등이 바뀌었을 때는 주소변경 내용 등 소유권 일체에 관한 내용이 기재되어 있습니다. 당연히 현 소유자가 누구인지도 정확히 확인됩니다.

[을구]에는 소유권 이외의 권리 사항이 등재되는데, 근저당설정이나 가압류 등의 내용이 들어갑니다. 이 [을구]를 살펴보면 해당 토지의 담보 제공 여부, 세금 체납 여부 등 재산권에 대한 내용의 확인이 가능합니다. 당연히 깨끗한 토지를 찾아내야 합니다.

등기사항전부증명서(건물)의 경우에도 [표제부], [갑구], [을구]로 구성되어 있습니다. [표제부]에는 해당 건축물의 소재지, 건물 내역, 그리고 등기 원인 등의 내용이 등재됩니다. 건물의 층수, 용도, 면적 등을 확인할 수 있는 내용들이 들어가 있습니다.

[갑구]에는 소유권에 관한 사항이 들어가므로 현 소유자, 전 소유자 등의 내용 확인이 가능합니다.

[을구]에는 소유권 이외의 권리에 관한 사항이 등재되어 있습니다. 토지와 마찬가지로 담보 제공 여부, 전세권 설정, 가압류, 세금 체납 등의 내용을 확인할 수 있습니다.

고유번호 1114-1996-065839

[토지] 서울특별시 마포구 서교동 454-7

【 표 제 부 】 (토지의 표시)

표시번호	접 수	소 재 지 번	지 목	면 적	등기원인 및 기타사항
1 (전 2)	1988년6월9일	서울특별시 마포구 서교동 454-7	대	224.8㎡	
					부동산등기법 제177조의 6 제1항의 규정에 의하여 1999년 02월 10일 전산이기

【 갑 구 】 (소유권에 관한 사항)

순위번호	등 기 목 적	접 수	등 기 원 인	권리자 및 기타사항
1 (전 6)	소유권이전	1988년6월9일 제44223호	1988년6월8일 매매	*
				부동산등기법 제177조의 6 제1항의 규정에 의하여 1999년 02월 10일 전산이기
2	소유권이전	2000년12월22일 제52485호	2000년11월8일 매매	76 한신아파트
3	소유권이전	2005년1월5일 제520호	2004년10월13일 매매	*
3-1	3번등기명의인표시 변경		2011년10월31일 도로명주소	도구

문서 하단의 바코드를 스캐너로 확인하거나, 인터넷등기소(http://www.iros.go.kr)의 발급확인 메뉴에서 발급확인번호를 입력하여 위·변조 여부를 확인할 수 있습니다. 발급확인번호를 통한 확인은 발행일부터 3개월까지 5회에 한하여 가능합니다.

발행번호 11120227004190091010960091SLS0658512DKM13942T71122   발급확인번호 BBOF-EZDD-8393   발행일 2020/09/09

1/3

등기사항전부증명서(말소사항 포함)
- 건물 [제출용] -

고유번호 1114-1996-064543

[건물] 서울특별시 마포구 서교동 454-7

【 표 제 부 】 (건물의 표시)

표시번호	접 수	소재지번 및 건물번호	건 물 내 역	등기원인 및 기타사항
1 (전 2)	1988년6월9일	서울특별시 마포구 서교동 454-7	벽돌조 슬래브 지붕 2층 주택 1층 116.46㎡ 2층 76.00㎡ 지층 62.41㎡	
				부동산등기법 제177조의 6 제1항의 규정에 의하여 1999년 02월 10일 전산이기
2		서울특별시 마포구 서교동 454-7 [도로명주소] 서울특별시 마포구 성미산로10길 54	벽돌조 슬래브 지붕 2층 주택 1층 116.46㎡ 2층 76.00㎡ 지층 62.41㎡	도로명주소 2012년7월19일 등기
3	2020년9월9일	서울특별시 마포구 서교동 454-7 [도로명주소] 서울특별시 마포구 성미산로10길 54	벽돌조 슬래브 지붕 2층 제2종근린생활시설 1층 116.46㎡ 2층 76.00㎡ 지층 62.41㎡	용도변경

【 갑 구 】 (소유권에 관한 사항)

순위번호	등 기 목 적	접 수	등 기 원 인	권리자 및 기타사항
1 (전 6)	소유권이전	1988년6월9일 제44223호	1988년6월8일 매매	*** 7
				부동산등기법 제177조의 6 제1항의 규정에 의하여 1999년 02월 10일 전산이기
2	소유권이전	2000년12월22일	2000년11월8일	***

[인터넷 발급] 문서 하단의 바코드를 스캐너로 확인하거나, 인터넷등기소(http://www.iros.go.kr)의 발급확인 메뉴에서 발급확인번호를 입력하여 위·변조 여부를 확인할 수 있습니다. 발급확인번호를 통한 확인은 발행일부터 3개월까지 5회에 한하여 가능합니다.

발행번호 11120227004191021010960021OR0064504GH1914301881112　　발급확인번호 AAJJ-LJTX-5435　　발행일 2021/02/02

등기사항전부증명서 - 건물

건축물대장

지방자치단체에서 발급해주는 일반건축물대장에는 건축물의 지번, 연면적, 층별 건축물 현황, 용적률 산정용 연면적, 주구조, 주용도, 층수, 지붕 형태, 소유주 현황, 착공 일자, 사용승인 일자 등이 기재되고, 해당 건축물의 최초등재 이후의 변동사항 등이 기재됩니다. 변동사항에는 건축물의 증축, 개축, 재축, 이전, 대수선, 용도변경 내용이 들어가 있습니다. 건물의 연수, 구조 등을 확인할 때 필수적으로 살펴보아야 할 서류입니다.

아울러 건축물대장에는 주용도란이 있는데, 여기에는 단독주택, 공동주택, 근린시설 등이 표시됩니다. 근린시설은 상점, 음식점, 미용실, 사무소, 체육관, 의원 등으로 표시되는데, 해당 업종만 영업할 수 있다는 점도 유의해야 합니다.

특히 건축물대장의 기재 내용이 등기사항전부증명서에 정확히 기재되어 있는지 확인할 필요가 있습니다. 실제 건축물대장에는 행정 행위 등이 변경 기재되어 있는데, 등기사항전부증명서에는 누락되어 있는 경우가 있을 수 있기 때문입니다.

토지대장

해당 토지의 정확한 소재지, 면적, 소유자, 과거 사용하던 당시의 토지등급 등이 표시되어 있습니다. 아울러 연도별 개별공시지가가 기재되어 있어 해당 토지의 대략적 가치를 평가할 수 있습니다. 토지대장의 기재 내용과 등기사항전부증명서(토지)를 비교해보는 것도 좋은 방법입니다.

문서확인번호 : 1612-2285-6847-1541

일반건축물대장(갑)

| 고유번호 | 1144012000-1-04540007 | 정부24접수번호 | 20210202-96335981 | 명칭 | | 호수/가구수/세대수 | 0호/0가구/0세대 |

| 대지위치 | 서울특별시 마포구 서교동 | | 지번 | 454-7 | 도로명주소 | 서울특별시 마포구 성미산로10길 54 (서교동) |

※대지면적	㎡	연면적	254.87㎡	※지역		※지구		※구역	
건축면적	116.46㎡	용적률 산정용 연면적	192.45㎡	주구조	연와조	주용도	제2종근린생활시설	층수	지상 2층
※건폐율	%	※용적률	%	높이		지붕		부속건축물	
※조경면적	㎡	※공개 공지·공간 면적		※건축선 후퇴면적		※건축선 후퇴거리	

건축물 현황

구분	층별	구조	용도	면적(㎡)
주1	지1층	연와조	사무소	62.41
주1	1층	연와조	사무소	116.46
주1	2층	연와조	사무소	76
		- 이하여백 -		

소유자 현황

성명(명칭) 주민(법인)등록번호 (부동산등기용등록번호)	주소	소유권 지분	변동일 변동원인
	서울특별시 마포구 성미산로10길 54(서교동)		2013.11.12 등기명의인표시변경
- 이하여백 -			

※ 이 건축물대장은 현소유자만 표시한 것입니다.

이 등(초)본은 건축물대장의 원본내용과 틀림없음을 증명합니다.

발급일자: 2021년 02월 02일
담당자: 건축과
전 화: 02 - 3153 - 9407

마포구청장

※ 표시 항목은 총괄표제부가 있는 경우에는 적지 않을 수 있습니다.
297㎜ × 210㎜ [백상지(80g/㎡)]
◆ 본 증명서는 인터넷으로 발급되었으며, 정부24(gov.kr)의 인터넷발급문서진위확인 메뉴를 통해 위 2차 바코드로도 진위확인(정부24 앱 또는 스캐너용 문서확인 프로그램)을 하실 수 있습니다.

문서확인번호 : 1617-6059-7474-0960

토 지 대 장

고유번호	4313025025-10190-0001		도면번호	4	발급번호	2021413130-00271-8222
토지소재	충청북도 충주시 주덕읍 신중리		장번호	1-1	처리시각	15시 51분 54초
지 번	190-1	축척	1:1200	비고		발급자	인터넷민원

토지표시

지 목	면 적(㎡)	사 유
(01) 전	*337*	(40) 2007년 06월 22일 지목변경
(01) 전	*3031*	(30) 2007년 06월 22일 190-2, 190-3번과 합병
		--- 이하 여백 ---

소유자

변동일자 변동원인	주소 성명 또는 명칭	등록번호
2005년 03월 25일 (03)소유권이전		570626-1-*****
	--- 이하 여백 ---	

등급수정 연월일	1984. 07. 01. 수정	1985. 07. 01. 수정	1990. 01. 01. 수정	1991. 01. 01. 수정	1992. 01. 01. 수정	1993. 01. 01. 수정	1994. 01. 01. 수정	1995. 01. 01. 수정
토지등급 (기준수확량등급)	105	107	110	113	117	120	122	(123)

개별공시지가기준일	2014년 01월 01일	2015년 01월 01일	2016년 01월 01일	2017년 01월 01일	2018년 01월 01일	2019년 01월 01일	2020년 01월 01일	용도지역 등
개별공시지가(원/㎡)	34600	37600	41100	43500	47000	49300	50500	

토지대장에 의하여 작성한 등본입니다.
2021년 4월 5일

충청북도 충주시장

◆ 본 증명서는 인터넷으로 발급되었으며, 정부24(gov.kr)의 인터넷발급문서진위확인 메뉴를 통해 위 2차 번호 확인을 할 수 있습니다.(발급일로부터 90일까지) 또한 문서 하단의 바코드로도 진위확인(정부24 앱 또는 스캐너용 문서확인 프로그램)을 하실 수 있습니다.

토지이용계획확인서

토지이용계획확인서에는 토지이용규제 기본법에 근거해서 토지의 이용 용도, 행위 제한에 대한 내용이 기재된 공적인 장부입니다. 즉, 해당 토지에 적용된 규제 여부를 확인한 뒤 실제 필요 용도로 사용 가능한지를 미리 확인 할 수 있습니다.

첫 번째는 해당 토지 지번에 대해 지역지구 등의 지정 여부가 기재되는데, 여기서 '국토의 계획 및 이용에 관한 법률'에 따른 지역, 지구 등과 다른 법령 들에 따른 지역, 지구 등의 지정 여부 내용이 기재됩니다. 이 내용들은 구체 적으로 용도지역, 용도지구, 용도구역으로 나누어 기재됩니다.

용도지역의 종류는 도시지역, 관리지역, 농림지역, 자연환경보전지역으로 나눠집니다. 도시지역은 다시 주거지역, 상업지역, 공업지역, 녹지지역으로 나눠지는데, 용도지역에 따라 허용되는 건폐율이나 용적률이 각기 다르게 적용됩니다. 또 용도지역 내 건축이 허가되는 내용이 지역별로 다르기 때문 에 구체적으로 어떤 건축물을 신축할 것인지 그 계획에 맞는 해당 용도지역 의 토지를 구입해야 합니다.

문서확인번호: 1617-6056-3103-2217

발급번호 : 202143130002718221 　　　발행매수 : 1/2　　　발급일 : 2021/ 03/ 25

			처리기간
			1 일

토지이용계획확인서

신청인		주소				
		전화번호				
신청토지	소재지			지번	지목	면적(㎡)
	충청북도 충주시 신니면 문락리			226-3	전	2,786.0

지역·지구등 지정여부	「국토의 계획 및 이용에 관한 법률」에 따른 지역·지구등	생산관리지역 [이하공란]
	다른 법령 등에 따른 지역·지구등	가축사육제한구역(전부제한구역)<가축분뇨의 관리 및 이용에 관한 법률> [이하공란]
	「토지이용규제 기본법 시행령」 제9조제4항 각 호에 해당되는 사항	[해당없음]

확인도면	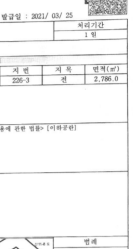	범례
		생산관리지역 보전관리지역 농림지역 도로구역 접도구역 □ 고속국도법상의 접도구역 □ 가축사육제한구역 법정동
		축척　1/1700

「토지이용규제 기본법」 제10조제1항에 따라 귀하의 신청토지에 대한 현재의 토지이용계획을 위와 같이 확인합니다.

2021/ 03/ 25

충 청 북 도 충 주 시 장

수입증지 붙이는곳
수　수　료
전 자 결 제
면　　원

◆본 증명서는 인터넷으로 발급되었으며, 정부24(gov.kr)의 인터넷발급문서진위확인 메뉴를 통해 위·변조 여부를 확인할 수 있습니다.(발급일

토지이용계획확인서

용도지구도 확인해야 합니다. 용도지구는 용도지역의 제한을 강화 또는 완화해서 용도지역의 기능을 증진하는 지구 지정입니다. 용도지구는 경관지구, 미관지구, 고도지구, 방화지구 등 10개 지구로 지정되며, 해당 용도지구로 지정된 토지의 건축 행위를 규제하는 내용입니다.

마지막으로 용도구역에 해당하는지를 살펴봐야 합니다. 용도구역은 시가지의 무질서한 확산 방지를 위해 지정하는 것으로, 개발제한구역, 시가화조정구역, 수산자원보호구역, 도시자연공원구역, 입지규제최소구역으로 나눠지는데 검토하는 토지가 어떤 용도구역에 지정되었는지 자세히 살펴볼 필요가 있습니다.

이처럼 구입을 전제로 검토하는 부동산에 토지나 건축물이 있다면 먼저 등기소나 정부, 지방자치단체에서 발급하는 공적대장 등을 일일이 발급받아 건축상의 불이익이 있는지, 또는 권리관계에 문제점은 없는지 정확히 알아보는 것이 중요합니다.

개별공시지가 확인서

개별공시지가가 고시되는 해부터 최근 고시된 날까지의 개별공시지가가 기재되어 있습니다. 해당 토지의 가격의 추이를 살펴볼 수 있고, 공시지가를 근거로 최근의 싯가도 나름 유추해볼 수 있습니다. 특히 인근 토지의 개별공시지가를 비교해봄으로써 해당 토지의 상대적 가치를 알아볼 수 있어 좋은 자료입니다. 최근에는 인터넷으로도 검색이 가능하기 때문에 굳이 구청 등을 방문해서 발급받을 필요는 없습니다. 더구나 행정 서류 무인 발급기가 곳곳에 설치되어 원하는 공적 자료를 쉽게 받을 수 있어 편리합니다.

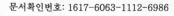

문서확인번호: 1617-6063-1112-6986

1/1

개별공시지가 확인서

접수번호	202111440001596126		접수일	2021-04-05		처리기간	즉시
신청인	성 명 (법 인)		생 년 월 일 (사업자등록번호)			1957-06-26	
	주 소	충청북도 충주시 살미면 호음실1길 26,				(전화 : - -)	
	용 도						

신 청 대 상 토 지			확 인 내 용			
가 격 기준년도	토 지 소 재 지	지 번	개별공시지가 (원/㎡)	기준일자	공시일자	비 고
2015	서울특별시 마포구 서교동		3,320,000	1월 1일 기준	2015-05-29	
2016			3,570,000	1월 1일 기준	2016-05-31	
2017			3,620,000	1월 1일 기준	2017-05-31	
2018			3,870,000	1월 1일 기준	2018-05-31	
2019			5,250,000	1월 1일 기준	2019-05-31	
2020			5,750,000	1월 1일 기준	2020-05-29	
	== 이하여백 ==					

부동산가격공사및감정평가에관한법률시행규칙 제7조
의 규정에 의하여 귀하의 신청에 대한 개별공시지가를
위와 같이 확인 합니다.

수 수 료
전자결제
인 원

2021 년 04 월 05 일

서울특별시 마포구청장

개별공시지가 확인서

부동산 공적대장에 기재된 용어 들여다보기

부동산 관련 공적대장, 특히 토지이용계획확인서에는 용도지역, 용도구역 등이 기재되어 있는데, 이 지정된 용도구역은 용도별로 많은 차이가 있기 때문에 부동산 취득 시 사전에 꼭 확인해야 합니다. 이들 내용에 대해 좀 더 구체적으로 알아봅시다.

용도지역

용도지역은 토지의 효율적인 이용을 위하여 건축물의 용도, 건폐율, 용적률, 높이 등을 제한함으로써 토지를 경제적이고 효율적으로 이용하고 공공복리 증진을 위해 서로 중복되지 않게 도시관리 계획으로 결정하는 지역을 말합니다.

용도지역은 ①도시지역, ②관리지역, ③농림지역, ④자연환경보전지역으로 세분되는데, 지역별 내용은 다음과 같습니다.

① 도시지역

도시지역은 주거지역, 상업지역, 공업지역, 녹지지역으로 나뉩니다. 해당 지역별로 건폐율과 용적률이 각기 다르게 적용됩니다.

용적률이라 함은 토지면적의 얼마만큼을 건축면적으로 할 수 있는지 보여주는 지표입니다. 즉, 용적률이 200% 이하라는 것은 토지면적의 2배까지 건축면적을 지을 수 있다는 이야기입니다. 다시 말해 같은 토지면적 위에 건축면적을 넓게 지으려면, 용적률이 높아야 합니다.

건폐율이란 해당 토지 위에 건축물을 지을 수 있는 면적을 말합니다. 즉,

건폐율 60%라 함은 토지면적의 60%까지만 건축물을 지을 수 있고, 나머지 40%는 나대지 상태로 남겨두어야 한다는 이야기입니다. 그러니까 건폐율과 용적률이 높은 지역이 좋은 지역인데, 당연히 부동산 가격도 높습니다.

가장 높은 건폐율과 용적률을 갖고 있는 지역이 바로 도시지역 중에서도 상업지역, 거기서도 중심상업지역입니다.

지역마다 허용되는 건폐율과 용적률은 표를 참고해 봅시다. 어떤 용도 지역으로 지정된 부동산이 가격이 싸고, 비싼지 조금은 이해가 될 것입니다.

② 관리지역

관리지역은 보전관리지역, 생산관리지역, 계획관리지역으로 세분화되어 있습니다. 이는 도시지역의 인구와 산업을 수용하기 위하여 도시지역에 준하여 체계적으로 관리하거나 농림업의 진흥, 자연환경 또는 산림자원의 보전을 위하여 농림지역이나 자연환경보전지역에 준하여 관리가 필요해서 지정한 지역을 말합니다.

아무래도 도시지역보다는 건폐율이나 용적률이 낮고, 당연히 토지 가격도 도시지역보다는 저렴합니다.

③ 농림지역

도시지역에 속하지 아니하는 농지법에 의한 농업진흥지역 또는 산림법에 의한 보전임지 등이 해당합니다.

④ 자연환경보전지역

자연환경, 수자원, 생태계, 상수원 및 문화재 보전과 수산자원의 보호, 육성 등을 위해 필요한 지역입니다.

이처럼 토지이용계획확인서를 발급받아 살펴보면 용도지역을 확인할 수 있습니다. 내가 원하는 지역의 건폐율, 용적률 등을 알아보고 또 용도구역 내 건축제한 등도 내가 필요한 건축물과 부합되는지 미리 확인해서 부동산 매입 시 제대로 된 부동산을 구입해야 합니다.

〈용도지역별 건폐율, 용적률, 건축 허용〉

용도지역	구분	세부 용도지역	건폐율	용적률	용도지역별 특징
도시지역	주거 지역	제1종 전용주거지역	50%	50~100%	단독주택 중심(양호한 환경)
		제2종 전용주거지역	50%	100~150%	공동주택 중심(양호한 환경)
		제1종 일반주거지역	60%	100~200%	4층 이하 중심(편리성 위주)
		제2종 일반주거지역	60%	150~250%	조례가 정하는 중층 중심 (편리성)
		제3종 일반주거지역	50%	200~300%	중·고층 중심, 층수 제한 없음
		준주거지역	70%	200~500%	주거와 업무, 상업시설 혼재

도시지역	상업 지역	중심상업지역	90%	400~1,500%	도심, 부도심의 업무, 상업시설 중심
		일반상업지역	80%	300~1,300%	일반적인 상업, 업무시설 지역
		근린상업지역	70%	200~900%	근린지역에서의 상품, 서비스 공급지역
		유통상업지역	80%	200~1,100%	도시 안 유통기능 증진지역
	공업 지역	전용공업지역	70%	150~300%	중화학·공해성 공업시설 수용지역
		일반공업지역	70%	200~300%	환경친화적 공업 배치지역
		준공업지역	70%	200~400%	경공업, 주거, 상업 기능 혼재지역
	녹지 지역	보전녹지지역	20%	50~80%	도시환경, 경관, 산림, 녹지공간 확보지역
		생산녹지지역	20%	50~100%	농업적 생산지역
		자연녹지지역	20%	50~100%	제한적인 개발 가능지역
관리지역		보전관리지역	20%	50~80%	자연환경보전지역에 준하는 관리지역
		생산관리지역	20%	50~80%	농림지역에 준하는 관리지역
		계획관리지역	40%	50~100%	도시지역에 편입이 예상되는 지역
농림지역			20%	50~80%	농업진흥과 산림보전지역
자연환경보전지역			20%	50~80%	자연, 수자원, 생태계 등 보전지역

* 지방자치단체별로 허용치 상이함.

용도지구

용도지구는 용도지역에서 정하고 있는 제한을 강화 또는 완화 적용함으로써 용도지역의 기능을 증진하고, 미관, 경관, 안전 등을 도모하기 위하여 도시관리 계획으로 결정하는 지역을 말합니다. 즉, 용도지역의 보완적 기능을 부여하기 위하여 용도지구를 지정한다고 보면 무난할 것입니다.

구체적으로 용도지구의 종류를 살펴보면 경관지구, 미관지구, 고도지구, 방화지구, 방재지구, 보존지구, 시설보호지구, 개발진흥지구, 취락지구로 나뉘는데, 지구별 제한 또는 완화의 세부적 내용은 아래 표를 살펴봅시다.

〈용도지구 구분 및 특징〉

용도지구	세부 용도지구	용도지구별 특징
경관지구	자연경관지구	경관을 보호, 형성하는 데 필요한 지구 자연경관지구 건물 높이를 3층 이하, 12m 이하로 제한
	수변경관지구	
	시가지경관지구	
미관지구	중심지미관지구	미관을 유지하는 데 필요한 지구 신축 시 도로경계선으로부터 3m를 벗어나 건축
	역사문화미관지구	
	일반미관지구	
고도지구	최고고도지구	쾌적한 환경조성 및 토지의 효율적 이용을 위하여 건축물 높이의 최저고도 또는 최고한도 규제 필요 지역
	최저고도지구	
방화지구		화재의 위험을 예방하는 데 필요한 지구
방재지구	시가지방재지구	풍수해, 산사태, 지반의 붕괴, 그 밖의 재해를 예방하는데 필요한 지구
	자연방재지구	

	문화자원보존지구	
보존지구	중요시설물보존지구	문화재, 중요시설물 및 문화적, 생태적으로 보존가치가 있는 지구
	생태계보존지구	
시설보호지구	학교시설보호지구	학교시설, 공용시설 등 업무기능의 효율화, 항공기의 안전 운항 등을 위하여 필요한 지구
	공용시설보호지구	
	항만시설보호지구	
	공항시설보호지구	
개발진흥지구	주거개발진흥지구	주거기능, 상업기능, 공업기능, 유통물류기능, 관광기능, 휴양기능 등을 집중적으로 개발·정비할 필요가 있는 지구
	산업개발진흥지구	
	유통개발진흥지구	
	관광휴양개발진흥지구	
	복합개발진흥지구	
	특정개발진흥지구	
취락지구	자연취락지구	녹지지역, 관리지역, 농림지역, 자연환경보전지역, 개발제한구역 또는 도시자연공원구역의 취락을 정비하기 위한 지구
	집단취락지구	
특정용도제한지구		주거, 청소년 보호 등 유해시설의 입지 제한이 필요한 지구
그 외 대통령령이 정하는 지구		

용도구역

용도구역이란 토지의 이용과 건축물의 용도, 건폐율, 용적률, 높이 등에 대한 용도지역과 용도지역의 제한을 강화 또는 완화하여 따로 정함으로써

시가지의 무질서한 확산을 방지하고 계획적이고 단계적인 토지이용을 도모,
토지이용의 종합적 조정, 관리 등을 위해 도시관리 계획으로 결정하는 지역
을 말합니다.

종류에는 개발제한구역, 도시자연공원구역, 시가화조정구경, 수산자원보
호구역이 있습니다. 용도지역과 용도지구는 도시지역 내에 지정하는 데 반
해 용도구역은 주로 도시 인근에 지정됩니다.

〈용도구역의 구분에 따른 특징〉

용도구역 종류	용도구역별 특징
개발제한구역	도시의 무질서한 확산을 방지하고 도시 주변의 자연환경을 보전하기 위하여 개발을 제한할 필요가 있는 구역
시가화조정구역	도시지역 및 주변지역의 무질서한 시가화를 방지하고 계획적 개발을 도모하기 위하여 일정 기간 유보할 수 있는 구역
수산자원보호구역	수산자원의 보호와 육성을 위하여 필요한 공유수면이나 인접된 토지에 대해 지정하는 구역
도시자연공원구역	도시의 자연환경, 경관을 보호하기 위하여 도시지역 안의 식생이 양호한 산지의 개발을 제한할 필요가 있는 구역
입지규제최소지역	도시지역에서 복합적인 토지이용을 증진시켜 도시 정비를 촉진하고 지역 거점을 육성할 필요가 있는다고 인정한 구역

좋은 부동산은 어떤 것인가?

잘생기고 내실 있는 부동산

옛말에 "보기 좋은 떡이 먹기도 좋다.", "이왕이면 다홍치마."라는 속담이 있습니다. 함축된 의미를 살펴보면, 일단 외모가 출중하고 보기 좋아야 한다는 뜻일 것입니다. 거기다 내재된 가치도 좋다면 금상첨화일 것입니다. 내재한 가치를 파악하려면 해박한 부동산 지식을 바탕으로 관심을 갖고 보아야 그 가치가 보입니다.

이외에 지나치면서도 가치가 보이는 부동산도 좋은 부동산입니다. 지나치면서도 가치가 보이는 부동산과 관심을 가지고 봐야 가치가 보이는 부동산의 차이가 무엇일까요? 언뜻 생각하면 어차피 내재된 가치나 보이는 가치나 같은 것이니까 별반 차이가 없을 듯하지만, 실제로 여기에는 큰 차이가 존재

합니다.

　스쳐 지나가듯 보면서도 가치가 나타난다는 것은 모든 사람이 구매자가 될 가능성이 있다는 것입니다. 반대로 관심을 두고 보아야 가치가 나타난다는 것은 관심을 가진 사람만이 구매자가 될 수 있다는 것이기 때문에 관심 구매자의 수에서 어마어마한 차이가 나는 것입니다. 관심 구매자가 많다는 것은 당장의 활용도나 수익창출의 가능성이 무척 높다는 뜻입니다. 그러나 이는 그 부동산의 가치가 이미 반영되어 급격한 가격 상승 기대가 어렵다는 역설적 표현이기도 합니다.

　이런 사유로 내재 가치가 있는 부동산에 더 많은 관심을 가져야 하는 것이고, 혹 그 내재 가치가 있는 부동산이 조금 가격이 비싸다고 생각되더라도 감내할 수 있는 수준이라면 그 부동산을 선택하는 것이 현명한 방법입니다.

　내재 가치가 높은 부동산은 일단 조금은 저렴하게 구입할 수 있고, 구입 후 리모델링 등을 통해 내재적 가치를 외연적 가치로 바꾸어놓을 수 있기 때문입니다. 그 과정을 거치면 저렴하게 구입한 부동산이 높은 가격대의 부동산으로 탈바꿈하게 되는 것입니다. 물론 구입 단계부터 리모델링에 이르기까지, 이를 위한 부단한 노력이 수반되어야 하는 것은 당연한 일입니다.

　그렇다면 잘생긴 부동산은 어떤 것들일까요? 경우에 따라 상황은 달라지겠지만 여기서는 아주 일반적인 형태를 알아보겠습니다. 잘생긴 부동산은 당연히 가격이 비싸지만 그중에서 저평가된 부동산을 찾는 것이 우리의 미션입니다.

잘생긴 꼬마빌딩들

정방형 또는 4:3 이내의 형태, 코너에 위치한 토지

많은 사람에게 토지를 구획 정리하면서 같은 면적에 같은 가격대로 선택하라 했을 때 가장 많은 선택을 받은 토지 모양이 4:3 형태의 토지였고, 그다음이 정방형 토지였습니다.

아울러 오각형 형태의 토지 선호도도 높았는데, 그 이유는 오각형 토지는 대부분 코너 자리에 있었기 때문입니다.

오르막이나 내리막 비탈에 소재하거나 연접된 토지는 지양하기

사람은 오르막이나 내리막길에 접어들면 일단 그 지형을 벗어나려 하는 마음이 생깁니다. 즉, 오래 머물고 싶어 하지 않는다는 이야기입니다. 부동산은 많은 사람이 몰려들고, 그 안에 머무는 시간이 많아야 좋은 부동산이라 하는 데 반대로 벗어나려는 생각이 앞서는 부동산은 당연히 가격이 내려가고 사람들의 관심을 끌지 못하는 부동산이 됩니다.

부득이 비탈길에 소재하는 부동산을 구입해야 한다면 경사도가 낮을수록 좋고, 교통요충지의 내리막에 소재하는 토지가 그나마 좋은 선택이 됩니다. 사람은 일반적으로 같은 노력을 기울여야 한다면 편한 것을 먼저 찾으려는 심리가 있기 때문입니다. 그러다 보니 교통요충지인 지하철역, 버스정류장 등에서 편히 내려가는 쪽을 선택하려는 마음이 강해지기 때문에 내리막에 소재하는 부동산이 비교적 좋은 부동산이 됩니다.

구조가 튼튼하고, 층고가 높고, 구조변경이 가능한 건물

사실 외관을 리모델링하는 것은 그리 어렵지 않습니다. 당장의 모습이 허름해 보여도 오히려 구조가 튼튼하고, 층고가 높고, 구조변경이 가능한 건물의 경우 별로 눈에 띄지 않더라도 조금만 손을 대면 제대로 된 건물로 바꾸어놓을 수 있고 이런 건물이 눈에 잘 띄는 잘생긴 건물로 거듭날 수 있습니다. 외형이 그럴듯한 건물보다는 구조, 층고 등을 꼼꼼히 살펴 가치를 상승시키는 건물을 찾아내야 합니다.

교통 편의성이 좋은 부동산

역세권, 초역세권, 초초역세권, 초초초역세권 등 역세권 관련 신조어들이 많이 생겨나고 있습니다. 통상 역세권이라 하면 지하철역을 중심으로 반경 1㎞ 이내에 소재하는 부동산을 일컫는 용어입니다. 초역세권이라 하면 반경 500m 이내, 초초역세권이라 하면 반경 200m 이내, 초초초역세권이라 함은 지하철역과 붙어있거나 지하보도로 바로 연결되는 부동산을 칭합니다.

교통 편의성이 중요한 이유는 물론 교통을 이용하는 편리함과 시간의 절약이라는 장점 때문입니다. 특히 요즘 젊은 세대들은 기다리지 않는 문화에 익숙한 세대들이기 때문에 앞으로 교통 편의성이 좋은 부동산은 시간이 흐를수록 더 높은 가치를 가시게 되리라 봅니다.

그러므로 지하철역이나 일반 버스정류장에 근접해있으면 가장 좋지만 안되면 마을버스 정류장이라도 인접해있는 부동산을 찾는 것이 좋습니다.

유동인구의 동선이 활발한 지역의 부동산

지하철역이나 버스정류장과 근접한 부동산이라 하더라도 유동인구의 이동 동선이 전혀 연계되지 않는 곳에 소재하는 부동산은 빛 좋은 개살구일 뿐입니다. 인터넷이나 SNS 등에 올라오는 많은 부동산 자료에 역세권, 초역세권 매물이 많이 올라오는 것을 볼 수 있는데, 여기서 물리적인 거리는 역세권이나 초역세권이라 하더라도 인구의 이동이 없는 부동산이라면 당연히 배제해야 합니다.

혹 역세권에서 조금 멀더라도 유동인구의 동선과 접하는 부동산이 있다면 이 부동산이 오히려 좋은 부동산입니다. 그러므로 자료상의 정보를 현장의 정보와 매칭시키기 위해서는 당연히 현장을 방문하는 등의 발품을 팔아야 합니다. 물론 현장 인근의 부동산 중개사무소 등을 방문해서 정보의 진위, 가치 등을 확인해 보는 수고 정도는 당연히 필요합니다. 간혹 현장에서 얻은 정보도 역정보가 있을 수 있으니 다시 검증하는 수고와 노력도 필요한 부분입니다.

배후의 거주단지가 조성되어 있는 부동산

사실 꼬마빌딩을 사려는 이유를 살펴보면 임대소득과 거주, 두 가지로 활용하기 위해 구입하는 경우가 많습니다. 물론 전체를 본인의 주거와 취미생활 공간으로 사용하려는 경우도 있겠지만, 아마 전자의 이유로 사려는 경우가 대부분일 것입니다.

그렇다면 당연히 상업적 가치가 좋은 곳을 찾아야 하는데, 무인도 같은 곳에 소재하는 꼬마빌딩은 당연히 절대 안 됩니다. 어느 정도 배후의 주거단지가 조성되어 있어야 상권도 생겨나고, 일정 부분 상권의 활성화도 기대할 수 있습니다. 아울러 그로 인해 안정적인 임대수요를 기대할 수 있는 것입니다. 현장을 답사할 때 당연히 검토해야 할 부분입니다.

그러므로 탄탄한 배후단지가 있는 부동산이 좋은 부동산입니다. 당장은 아니더라도 앞으로 그럴 가능성이 있는 부동산을 눈여겨 봐두어야 합니다.

젊은 세대가 많이 움직이는 지역의 부동산

실버하우스, 실버경제, 실버구매력 등 실버라는 단어를 종종 접하게 됩니다. 굳이 실버라는 단어를 명명해서 쓰는 이유가 무엇일까요? 그것은 일반적인 경제활동과 확연히 구분된 행태가 있기 때문입니다. 일반적인 경제행위와 같다면 구분해서 쓸 이유가 없을 것입니다. 일반적인 경제활동에 비해 실버경제는 구매력도 떨어지고, 과시 구매보다는 실용 구매, 절약 구매라는 것으로 요약할 수 있습니다.

경제의 근간은 소비를 먹이로 성장하는 생명체입니다. 젊은 세대 중심의 소비는 미래지향적이기 때문에 당연히 진취적입니다. 또 호기심 많은 세대이고, 미래에 대한 희망이 있는 세대이기 때문에 소비가 왕성하게 일어나게 됩니다.

반면 실버세대는 구매를 줄이고, 물건을 아껴 쓰고, 호기심도 별로 없어 새로운 것에 대한 도전이나 시도도 당연히 줄어듭니다. 그런 영향으로 실버경제는 하향곡선을 그릴 수밖에 없습니다. 그러다 보니 그런 지역의 부동산도 가치가 떨어지고, 관심도도 당연히 하락할 수밖에요. 그래서 미래지향적이고 젊은이들이 많이 모여드는 곳의 부동산이 좋은 부동산이라고 하는 것입니다. 대학가 주변, 신도시 주변, 신설공업단지 주변이나 그 인접 지역의 부동산은 관심을 가질 만합니다. 일례로 불과 몇 년 사이에 대학가, 특히 홍대거리, 건대거리 등 실제 부동산시장에서 대박 신화를 터뜨린 곳이 있었으니 앞으로도 그런 곳을 잘 살펴봐야 할 것입니다.

임대수익율이 높게 나오는 부동산

부동산의 상업적 가치를 판단할 때 수익률이라는 단어를 많이 씁니다. 즉, 그 부동산을 통해 당장 어느 정도의 수익이 발생하는지를 현재의 부동산 가격으로 평가하는 것입니다. 부동산 수익률을 계산하는 방식에든 몇 가지가 있는데, 보통 아래와 같이 계산합니다.

$$\text{부동산투자 수익률} = \frac{\text{매도금액+기간 중 수입-비용(세금, 중개수수료)} - \text{(최초 투자금+기간비용)}}{\text{최초 투자금+기간비용(이자, 세금, 수리비 등)}} \times 100 \div \text{투자 연수}$$

$$\text{부동산임대 수익률} = \frac{\text{연 순임대료(연 임대료-이자)}}{\text{투자 금액(투자금-보증금-대출금)}} \times 100$$

$$\text{부동산임대 순수익률} = \frac{\text{연 순임대료-(이자+세금+관리비)}}{\text{투자 금액(투자금-보증금-대출금)}} \times 100$$

부동산 미래 임대수익률= 현재의 임대수익률+ 향후의 추가적 임대수익률

기본적으로 임대수익률은 현 금리 기조하에서는 연 6%를 초과하면 고수익 임대부동산으로 보고 연 4.5~6%는 우량 임대부동산, 연 3~4.5%는 평균 임대부동산, 그 이하이면 저수익 임대부동산으로 봅니다.

그래서 부동산은 임대수익률의 평가가 중요한데, 현재의 임대수익률 뿐아니라 미래 수익률도 높은 부동산이 좋은 부동산이 됩니다. 아울러 부동산 자산가치가 상승 또는 하락하는 부분도 검토해서 상승할 것으로 예상되는 부동산이 좋은 부동산이지요. 지금 당장의 수익률도 좋고 미래 수익률도 양호하다면 그런 부동산은 시장에서 이미 가격이 많이 오른 부동산일 것입니다.

현재의 부동산 임대수익률은 낮지만 향후 가치가 상승할 가능성이 있는 부동산도 있고, 반대로 현재의 임대수익률은 높지만 부동산 가치가 정체되거나 내려갈 가능성이 있는 부동산도 있으므로 상황에 따른 판단이 필요합니다.

미래가치가 높이 평가되는 부동산

미래가치가 높은 부동산을 찾는 일은 쉽지 않은 작업입니다. 그러나 여러 단계의 작업을 거치고 신중하게 접근하면 또 그리 어려운 일도 아닙니다.

부동산에는 일종의 추세, 즉 트렌드라는 것이 있습니다. 부동산 각자가 가지고 있는 현재의 가치와 가치변동성도 있지만, 그 주위를 둘러싸고 있는 큰 프레임이 있다는 것을 인지하고 있어야 합니다. 이 큰 프레임은 두 개로 나눠지는데, 첫째는 시간적 흐름에 따른 가치 변화이고, 두 번째는 테마별 가치의 변화입니다. 하나씩 살펴봅시다.

부동산의 시간적 흐름에 따른 가치 변화란 무엇인가?

부동산에는 패턴이 있습니다. 정체기에 접어들게 되면 오랜 시간이 지나도 가치에 변동이 없고, 때로는 하락하는 경우도 종종 나타납니다. 다른 실물자산에 비해 그 기간이 무척 긴 것이 특징입니다. 통상 10년 주기라고 표현을 많이 하는데, 실제로 10년이 걸리는 것은 아니고 대략적인 기준입니다.

부동산 가격이 정체기에 들어서면, 특히 주택시장의 경우에는 이 정체가 공급과잉으로 인한 현상이라 판단하여 물량의 공급을 조절, 제한하는 조치를 단행하고 부동산 구입을 지원하는 정책을 펼치게 됩니다. 이후 몇 년 정도 세월이 흐르면 현장에서 공급제한으로 인한 물량 부족 현상이 나타나고, 부동산 거래 활성화를 위한 정책인 통화 완화나 부동산 구입 지원정책들이 바닥 깊숙이 스며들면서 서서히 부동산시장의 가격 상승 엔진에 불이 붙게 되는데, 이 기간이 통상 10년이 아닌가 생각합니다.

이로 인해 다시 부동산 가격이 상승 또는 급등하면 부동산 구입을 제한하는 여러 조치, 부동산 구입을 위한 대출의 제한, 부동산 초과 보유에 대한 과세 강화, 물량 부족을 해결하기 위한 공급확대정책 시행 등으로 급등하던 부동산 가격은 안정기를 찾게 됩니다. 또 일정 시간이 흐르고 나면 과잉공급 등으로 부동산 가격의 하락이나 정체가 일어나고 이로인해 관련 산업의 폐해, 경제성장률의 둔화 등이 나타나서 다시 부동산 경기 활성화 조치를 취하게 될 겁니다. 이런 상승과 하락의 과정이 큰틀에서 보았을 때 10년 주기로 변화가 나타난다고 하는 것입니다.

이런 주기를 정확히 진단하고 투자에 적극적으로 활용한다면, 효율적인 부동산투자를 할 수 있겠지요.

부동산의 테마에 따른 가치 변화는 무엇인가?

부동산은 그 종류별로 부침(浮沈)의 변화를 볼 수 있습니다.

최근에는 신축 아파트에 대한 선호도가 무척 강해졌고, 특히 강남을 중심으로 한 '똘똘한 부동산 한 채'라는 새로운 신조어도 만들어졌습니다. 과거에는 거들떠보지도 않았던 단독주택에 대한 수요도 급증해서 새로운 투자 대상으로 각광받기 시작했습니다. 이러한 단독주택들은 소위 꼬마빌딩 신드롬과 맞물려 황제 부동산으로 주목받고 있습니다.

앞으로는 꼬마빌딩 외에도 쾌적한 환경을 중심으로 한 숲세권 아파트, 수도권 중심이나 대도시 중심의 전원주택 선호로 인해 그러한 부동산시장이 새롭게 주목받을 것이라고 봅니다. 궁극적으로 MZ세대의 부동산, 특히 주거나 생활패턴에 대한 선호도가 어떤 방향으로 흐르냐에 따라 부동산시장의 방향도 결정되리라 봐야 합니다.

정리하자면 시간적 흐름에 대한 명확한 판단, 실수요자인 젊은 세대의 부동산 선호 방향을 정확히 파악할 필요가 있다는 것입니다. 이를 곧 부동산의 시간적 특징과 테마별 특징이라고 정의할 수 있습니다.

생활시설, 편의시설, 사회기반시설이 잘 갖춰진 지역의 부동산

인간은 편한 삶을 살길 원하는 속성이 있습니다. 내가 하고자 하는 것을 힘들이지 않고 할 수 있는 것. 그것이 생활의 편의성 인프라가 되는데, 그런 시설, 장치, 환경이 조정되어있는 곳을 당연히 선호할 수밖에 없습니다. 지하철역이나 간선도로가 인접해있는 교통접근성이 좋은 곳 외에도 학교, 학원 등 교육환경과 시설이 잘 갖춰져있는 곳, 병원 등 의료시스템이 잘 준비되어있는 곳, 또 대형마트, 복합문화 편의시설 등이 잘 들어선 곳이 좋은 부동산 지역이라고 할 수 있습니다.

물론 이런 시설들이 잘 갖춰져있는 곳은 이 모든 것이 이미 가격에 반영되어있어 당연히 가격이 비쌉니다. 반대로 지금은 이런 시설이나 환경이 부족하거나 열악하더라도 주변환경과 개발계획에 따라 이런 시설들이 조만간 들어설 것으로 예측되는 곳을 정확히 파악하고 찾아내는 것이 진정한 고수의 부동산투자 전략입니다.

예를 들자면, 서울 은평 뉴타운 인근 삼송, 삼흥지구의 경우, 행정상으로는 경기도 고양시에 편재되어 있지만, 서울과 근접해있는 데다가 새로운 주거, 상업시설이 들어서기도 전에 이미 대형마트, 그것도 초대형 마트라 칭하는 이케아나 스타필드가 먼저 자리를 잡았습니다. 미리부터 그런 부동산을 사겠다고 준비하고 투자한 사람이 과연 얼마나 될까요?

물론 개발계획을 미리 알아내기는 쉽지 않지만, 최소한 그런 초대형 편의시설이 들어서기 시작할 때라도 관심을 갖고 투자처로 생각해봤다면 아마 좋은 결과를 얻을 수 있었을 것입니다.

그러나 지금 내가 그런 곳에 투자를 못 했다고 실망할 필요는 없습니다. 그런 지역은 앞으로도 수없이 많이 나올 테니까요. 단지 그런 곳에 투자해야겠다는 사실을 지금이라도 알았다면, 그것만으로도 부동산투자의 절반의 성공을 이룬 것입니다.

부동산을 고르는 기본 마인드

부동산은 투기의 대상이 아니라 투자의 대상

'투기'라 함은 내가 지금이나 또는 미래에 필요하지 않은 물건을 사두고, 일정 기간이 흘러 그 가치가 올라갔을 때 되파는 것을 말합니다. 아울러 기대하는 수익률 자체가 한국은행의 연 기준금리의 수배 또는 수십 배의 수익률을 기대하는 경우에 해당되는 것입니다.

부동산을 투기의 대상으로 보게 되면 그 부동산의 가치평가를 왜곡하여 볼 가능성이 무척 큽니다. 바라보는 시각이 왜곡되면 당연히 가치 변화가 예상하는 방향으로 움직이지 않을 가능성이 높습니다. 아울러 아무리 해당 부동산의 가치가 상승된다고 하더라도 많은 시간이 걸릴 것이고 경우에 따라서는 가치가 오히려 하락하는 상황과 맞닥뜨릴 수도 있습니다.

그렇다면 투자란 무엇일까요? '투자'는 과도한 수익률을 기대하지 않는 것입니다. 즉, 은행의 정기 예금 금리기준으로 연간 최고 2~3배 범위 내에서 안정적인 투자 대상을 찾아내는 것입니다.

부동산에 투자할 때에는 투기목적물로 보는 것을 배제하고, 진정으로 가치가 오를 수 있는 부동산이 어떤 것인지 찾아내야 합니다. 투기의 목적물로만 보는 경우 판단 기준이 흐려지고 주변이나 지인들의 정보에 휩쓸려 제대로 된 평가도 내리지 않은 채 다분히 즉흥적으로 판단하는 경향이 많이 나타나게 됩니다.

이런 투자는 백이면 백 모두 실패로 끝날 가능성이 높습니다. 실제로 기획부동산 등의 토지 분할매각 권유나 상권이 전혀 형성되지도 않을 곳에 오피스텔이나 상가를 분양할 때 감언이설에 속아 그대로 투자하는 경우 등이 이에 해당됩니다.

부동산은 절대 단기투자 상품이 아니다

부동산에 투자해서 실패하는 가장 큰 이유 중에 하나는 투자 기간 문제입니다. 일반 주식처럼 수시로 가격이 급등락을 반복하는 대상이 아님에도 부동산투자를 주식투자와 같은 맥락에서 생각하고 투자하는 경우에는 실패할 확률이 높습니다.

물론 부동산투자도 급등락이 전혀 없는 것은 아닙니다. 소위 투기장이 형성되어있는 부동산시장 장세, 즉 자고 나면 프리미엄이 붙는 장세도 있긴 하지만 그건 결코 정상적인 부동산시장의 흐름이 아니기 때문에 그런 시장은 의연히 피해가야 합니다.

장기간에 걸쳐 시장환경을 정확히 파악하여 가치가 상승하는 쪽으로 변동될 부동산에 시간적 여유를 갖고 투자하는 자세를 유지하는 것이 성공으로 가는 지름길입니다. 짧게는 5년, 길게는 20년까지도 내다보고 투자를 결정하는 자세가 필요합니다.

오로지 발품을 팔아 사실관계 확인하기

부동산을 구입하기 위해 현장에 실세로 찾아가보면, 잘 안 팔리거나 인기가 없는 부동산을 좋은 정보 위주로 설명해 포장하는 경우가 많습니다. 잘 팔리거나 인기 있는 부동산의 경우는 굳이 긴 설명을 하지 않아도 내재된 가치로 인해 자연스럽게 매매가 성사되는 경우가 많기 때문입니다.

그러므로 가능하면 관심 있는 부동산에 대해서는 여러 공인중개사 사무실을 방문하여 각자가 설명하는 내용을 정확히 듣고 중복되는 내용, 일치하지 않는 내용을 따로 메모한 뒤 사실관계를 지방자치단체, 지역 관계자 등에 문의해서 확인해보는 절차를 밟아야 합니다.

부동산의 경우는 거래 금액이 크기 때문에 덜컥 계약서를 작성했다가 계약파기하는 경우 계약금이 위약금이 되어 못 돌려받기 때문에 신중에 신중을 기해서 판단해야 합니다.

주변의 떠도는 말에 현혹되어 준비 없는 의사결정을 하지 않아야 한다는 것을 꼭 명심해야 합니다.

실수요자 입장에서 부동산에 투자하기

좋은 부동산을 찾아내는 가장 최적의 방법은 실사용하려는 마음으로 매물을 들여다보는 것입니다. 즉, 내가 실제로 필요하고 사용할 것이라는 전제하에 부동산을 바라보고, 평가하고, 미래가치를 계산해야 한다는 것입니다. 내가 실제 입주하거나 사용한다고 생각하고 하나하나 꼼꼼히 체크하고 필요성, 효율성, 적정성 등을 살펴야 합니다.

이렇게 하면 제대로 된 부동산인지 현명한 판단을 하게 될 것이고, 이외에 교통편의성, 접근성, 생활 인프라의 적정성, 제반환경 등 실수요자 입장에서 들여다보게 되니 해당 부동산이 적정한 부동산인지, 단지 보기에만 그럴듯한 부동산인지 판가름할 수 있게 됩니다. 그러면 실패할 확률이 그만큼 줄어들게 됩니다.

아울러, 투자만을 생각해 너무 지엽적이거나 희소성 측면에서만 들여다보는 것은 환금성이나 투자성공에 있어 부정적 영향을 미칠 수 있습니다. 그만큼 부동산을 그런 목적으로 구입하려는 사람이 적기 때문입니다.

실수요자로서 실제 필요를 전제로 투자해놓는 부동산은 시세차익 발생 여부를 떠나 실용적인 적합성을 찾아 봄으로써 실제로 사용할 때 최적의 효과를 거둘 수 있습니다. 또한 이렇게 구입한 부동산은 투기적 목적으로 구입한 부동산보다 훨씬 높은 시세차익을 얻을 수도 있습니다.

다시 말해 내가 필요하지도 않은 부동산을 사두었다가 일정 기간이 지난 뒤 가격이 오르면 시세차익을 챙기고 팔겠다고 구입을 결정하면 많은 문제가 발생한다는 것입니다.

우리가 간절히 사고자 하는 꼬마빌딩도 마찬가지입니다. '내가 원하는 꼬마빌딩'이라는 것 자체가 실수요자로서 구입하고자 하는 것이기 때문에 이런 취지에 딱 부합합니다. 이런 접근 방법으로 부동산을 평가하고, 검토하는 것이 좋은 부동산을 효율적으로 구입하는 방법입니다.

어떤 꼬마빌딩을 어디에, 어떻게 사야 할까? 부동산 구입 전에 많은 사람들이 고민에 빠집니다. 부동산에 대한 기본지식과 메커니즘에 대한 이해가 부족하면 더 그렇습니다. 시행착오에서 벗어나려면 일단 평정심을 갖고 절대 서둘러서는 안 됩니다. 편안한 마음과 장기적인 계획 그리고 앞으로의 자금 조달계획까지 다방면에 걸쳐 세심하게 준비하고 확고한 의지를 다진 채 한발 두발 접근해야 합니다.

Chapter 5

실전!
꼬마빌딩 구입

"이 지역은 발전할까?"

"임대는 잘 나갈까?"

"월세는 많이 나올까?"

"세금은 많이 안 나오나?"

"어떤 꼬마빌딩이 좋은 거야?"

꼬마빌딩을 사려고 마음먹으니 이런저런 의문도 많이 생기고 궁금한 것도 많을 것입니다. 그런데 이런 의문점이나 궁금한 점을 하나하나 알려주고 실질적으로 도움을 주는 곳을 찾아내기가 쉽지 않습니다. 부동산 전문학원이 있는 것도 아니고 또 대학에 있는 부동산학과에 이제와 입학할 수도 없으니 말입니다.

물론 최근에는 유튜브나 앱으로 정보를 찾을 수 있긴 하지만, 그런 사이트에서 내가 필요한 부동산에 맞는 자세하고 정확한 정보를 제공해주는 것은 아닙니다. 아무리 검색해도 딱 맞는 정보를 찾기는 쉽지 않습니다.

그러다 보니 꼬마빌딩을 사고 싶은 로망과 꿈은 있는데 실현 방법을 몰라 우왕좌왕 허겁지겁 좌충우돌하게 되고, 조바심이 나면서 냉정한 판단력과 자제력을 잃고 서투른 결정으로 폭망의 길로 들어서는 일이 발생하곤 합니다.

부동산의 실체에 대한 기본지식도 없고 부동산시장의 메커니즘에 대한 이해도 부족하기 때문인데, 물론 충분히 이해가 가는 상황이긴 합니다. 이런 시행착오에서 벗어나려면 일단 평정심을 갖고 절대 서둘러서는 안 됩니다.

편안한 마음과 장기적인 계획 그리고 앞으로의 자금 조달계획까지 다방면에 걸쳐 세심하게 준비하고 확고한 의지를 다진 채 꼬마빌딩을 향해 한발 두발 접근해야 합니다.

"우보천리"

"참는 자가 이긴다."

"여유롭게 기다리는 자가 '갑'이다."

"돌다리도 두드리고 건너는 심정으로 접근한다."

"천리길도 한걸음부터"

"급하다고 바늘허리에 실매어 쓸까"

좋은 꼬마빌딩을 제대로 구입하는 방법은 바로 여기에 있습니다.

01

내 마음에 쏙 드는
꼬마빌딩 찾기

부동산을 사러 다니다가 눈앞의 현실에 멈춰버리는 경우가 많습니다. 이를테면, 당장의 유동인구가 많다, 교통이 편리하다, 상권이 발달해있다 등의 현상적 모습만으로 구입할 만한 부동산으로 판단하여 실용도 맞지 않는 부동산에 눈을 주는 경우가 비일비재합니다. 물론 지금 당장은 틀린 이야기가 아닙니다. 그런데 현시점에서 그런 모습을 보여주는 부동산 가격은 무척이나 높습니다.

사실 모으고 모은 종잣돈으로 꼬마빌딩을 사겠다고 나서는 입장에서 그런 부동산은 가격이 비싸서 그림의 떡에 지나지 않습니다. 그러므로 진흙 속에 숨겨진, 그래서 현재 가치는 낮지만 향후 가치가 충분히 오를 만한 그런 부동산을 찾는 것이 무척 중요한 것입니다.

그렇다면 좋은 부동산, 다시 말해 오를 만한 좋은 꼬마빌딩을 사려면 어떻게 해야 할까요?

가장 중요한 것은 진짜 내게 맞는 부동산인지 확인하는 것

발로 돌아다니며 발품 팔기

인터넷 등에서 기초자료를 확보하고 확인한 수많은 대상 물건 중 가장 가능성이 있다고 생각되는 물건들을 확정하여 현장으로 출동해야 합니다. 먼저 해당 물건이 있는 곳에서 반경 500m 이내의 주변 환경을 살펴봐야 합니다.

- 교통 편의성은 어떤가?
- 대중교통으로부터의 접근성은 어떤가?
- 유동인구는 많은가?
- 유동인구의 주 연령층은 어떤가?
- 어떤 상권이 이뤄지고 있는가?

또 건축물의 300m 이내의 주변 환경이 어떤지도 면밀히 살펴봐야 합니다.

- 배후거주지가 든든한가?
- 300m 외곽으로부터 현장으로의 접근성은 좋은가?

• 유동인구의 동선은 어떤가?

물론 현장에 도착해서 열심히 살펴보고 돌아다니다 보면 아마 "아, 여긴 아닌가 봐." 하며 실망감이 많이 들 것입니다. 앞서 잠깐 언급했던 대로 이런 저런 모든 것이 내 마음에 쏙드는 그런 부동산이라면 아마 부르는 가격이 만 만치 않을 테니 말입니다. 또 인터넷에서 골라낸 정보(내 보유자산을 기준으로 골라낸)를 갖고 실제 현장에서 확인해보면 열이면 열 모두 다 실망할 가능성이 높습니다. 원래 부동산이라는 것이 내 눈에 들면 가격이 비싸고, 가격이 싼 부동산은 백이면 백 내 맘에 안드는 것이니까요.

자, 여기서 중요한 것은 당장의 환경을 평가하기보다는 짧게는 5년 후, 길게는 10~15년 후의 거리의 모습, 그 지역의 모습을 상상해보는 것입니다.

그 지역에 대한 여러 사전정보를 갖고 있어야만 5년, 10년 그리고 20년 후의 모습을 확실히 상상할 수 있습니다. 꼬마빌딩을 사는 것이 중요한 것이 아니라 적은 돈으로 앞으로 가치가 오를 좋은 꼬마빌딩을 구입하는 것이 중요한 것입니다.

제값 주고 꼬마빌딩을 사는 것은 누구나 할 수 있지만, 오를 만한 꼬마빌딩을 사는 것은 노력하고 도전하는 사람만이 이뤄낼 수 있고, 여기에 성공하면 성취감과 만족감을 동시에 얻을 수 있습니다.

실제로 지하철역이 들어서기 전 확정 발표만 나도 그때부터 부동산 가격이 오르게 되는데, 그런 호재가 모두 반영된 부동산은 별 매력이 없습니다. 정보도 중요하지만 모두 다 아는 정보만으로는 내가 원하는 부동산을 저렴하게 손에 넣을 수 없기 때문에 미래를 예측하는 판단력과 정보력을 가지고 접근하는 것이 무척 중요합니다.

즉, 이런저런 이유로 여기에 지하철이 들어올 수밖에 없고, 산업단지나 택지가 개발될 수밖에 없다는 등 미래의 청사진을 미리미리 머릿속에 그리고 상상하며 또 검증하는 과정을 거쳐 선투자하는 것이 진정 미래가치를 창출할 수 있는 길입니다.

나의 미래 구상에 맞는 건물인지 확인하기

부동산은 투기의 대상이 아닙니다. 아니, 오히려 투기의 대상으로 부동산을 바라보면 부동산의 내면적 가치보다는 외면적 가치가 먼저 보이고, 오랜 기간에 걸쳐 가격이 오를 것에 대한 평가보다는 지금 사면 당장 가격이 오를 수 있는지에만 관심이 갈 수밖에 없습니다.

이런 맥락에서 부동산을 평가하고 그 평가를 근거로 부동산을 구입하는 경우 십중팔구 낭패를 보게 됩니다. 단기매각을 전제로 매입했기 때문에 일정 기간이 지나기도 전에 매각하고 싶은 마음이 들고, 조급증과 안달이 나게 됩니다. 오르지 않으면 그래서 안달, 조금 오르면 당장 팔고 싶어 안달이 나게 되는 것입니다. 아울러 해당 지역이나 부동산의 가치가 반영되려면 충분한 시간이 필요한데, 조급증으로 매매 타임을 놓치는 경우가 종종 발생하기도 합니다.

부동산을 구입할 때는 장기적으로 그 부동산을 어떤 용도로 어떻게 활용할 것인지 실사용자 입장에서 들여다봐야 부동산의 내면적 가치까지 볼 수 있습니다.

즉, 3층 규모의 꼬마빌딩을 구입하여 일정 기간 거주와 임대 용도로 사용할 것인지, 그러면 지역 상권에 맞춰 어떤 상가로 활용하여 임대할 것인지, 주거 부분도 전체를 다 사용할 것인지, 일부만 사용할 것인지 등 실수요자의 눈으로 살펴보고 바라봐야 그 부동산에 맞는 최적의 활용 방도 및 용도까지 좋은 방향으로 만들어낼 수 있습니다.

매물로 나와있는 부동산을 그런 시각에서 들여다보면 가격, 규모, 용도 등이 구상과 딱 맞아떨어지는 부동산을 언젠가는 발견할 수 있습니다. 그런 부동산을 찾아야만 제대로 된 투자가 되는 것입니다.

꼬마빌딩은 위치에 따라 가격이 천차만별

부동산은 서울이나 수도권, 또는 대도시에 소재하느냐, 아니면 중소도시에 소재하느냐, 아니면 읍면지역에 소재하느냐에 따라 가격 차이가 큽니다. 당연히 대도시 그리고 특히 중심상권에 소재하는 부동산은 그 가격이 일반인이 쉽게 접근하기 어려울 정도로 비쌉니다. 가격이 비싼 꼬마빌딩을 대도시에서 사려면 부득이 외곽지역, 외곽지역에서도 이면도로에 소재하는 꼬마빌딩을 적극적으로 찾아야 합니다.

이면도로이면서 대중교통이 다니는 중로 이상의 도로로부터 50m 이내에 있는 건물이면 좋겠지요. 또 목표로 하는 가격에 맞춰 대도시에 연접한 도시를 대상으로 해도 좋습니다. 특히 개발계획이 잡혀있거나 유동인구 유입이 많아질 것으로 예상되는 지역을 찾는 것이 아주 중요합니다.

내가 잘 알거나 연고가 있는 지역을 중점 꼬마빌딩을 찾는 것도 지혜로운 투자 방법입니다. 내가 아는 만큼 부동산이 보이기 때문에 생소한 지역을 공략하는 것보다 아는 지역을 공략하는 것이 훨씬 유리한 조건으로 살펴볼 수 있기 때문입니다.

내가 어릴 적부터 살았던 고향, 학창시절 많이 다녔던 지역, 직장생활하는 곳이나 많이 활동한 지역, 영업활동을 했었던 곳, 아니면 배우자의 고향이나 연고지 등 접해본 지역을 찾아서 발품을 팔아야 합니다.

가격을 맞추기 위해 중소도시로 눈을 돌리면 대도시에 비해 낮을 가격으로 괜찮은 부동산을 만날 가능성이 높지만, 중소도시의 발전 가능성 등을 먼저 면밀히 검토해보는 것이 중요합니다.

또 신경을 써야 할 부분은 과연 이 지역과 계속 연계를 맺을 계획이 있느냐 하는 부분입니다. 값이 싸다는 이유만으로 향후 연계를 맺을 계획도 없이 부동산을 구입하는 경우 관리도 어렵고 환금성도 떨어져 실패할 가능성 있기 때문입니다.

접근성이 좋은 위치에 있는 꼬마빌딩을 찾아라

꼬마빌딩에 투자하는 이유는 각양각색이지만 그 빌딩을 보유하는 동안 적정한 수입이 발생하고, 또 양도 시 투자이익이 발생해야 한다는 목표는 아마 모두 같을 것입니다.

보유하는 동안 지속적인 수입이 발생하고, 일정 기간 후 매도 시 투자이익이 발생하기 위해서는 당연히 조금 가격이 비싸더라도 위치가 좋은 부동산에 투자를 해야 합니다. 좋은 위치라는 것은 지역적으로 상권이 발달한 곳을 말할 수도 있지만, 건물의 위치가 접근성이 좋거나 코너에 위치하고 있느냐 등도 고려할 만한 중요한 점입니다.

자금이 부족하다는 이유로 접근성이 떨어지는 곳에 위치한 부동산을 사는 것보다는 크기가 좀 작더라도 코너 등 접근성이 좋은 곳에 있는 부동산을 선택하는 것이 중요한 투자 전략입니다.

단계별 활용계획에 부합하는 꼬마빌딩 찾기

실제 구입 목적 즉, 주거와 임대 수익금 발생이라는 두 가지 목표를 가지고 접근할 때, 당장은 아니더라도 현재 상태에서 그런 형태로의 리모델링이 가능할지를 가늠해보고 투자를 결정해야 합니다. 부동산은 모든 것이 현재의 가치를 미래에 더 높은 가치로 바꿀 수 있어야 제대로 된 부동산투자 전략이 되는 것입니다.

현재 상황에서 더 좋은 모습으로의 리모델링이 가능한지, 실제 그렇게 했을 때 임대 가능성이 얼마나 커질 것인지 등도 잘 따져봐야 할 내용입니다.

지자체에서 지원하는 각종 혜택 살펴보기

지자체에서 지원하는 사업 중에 가장 대표적인 사업이 그린파킹사업입니다. 단독주택이나 근린생활시설 등에 주차장을 만들 수 있는 공간이 있을 경우, 주차장을 만드는 조건으로 시설공사비를 지원해주는 제도입니다.

즉, 건물의 담장이나 대문을 철거하여 주차장을 확보하도록 지원해주는 사업인데, 늘어나는 주차장 면수에 따라 공사비가 차등 지원됩니다. 그린파킹사업의 효과로는 지자체 입장에서는 주차 공간이 확보되고, 건물 소유자 입장에서는 주차장 면수가 늘어나고 담장으로 인해 외부와 단절되어 답답하게 보이던 단독주택이나 근린생활시설이 열린 공간으로 바뀌게 되어 멋진 꼬마빌딩의 면모를 갖출 수 있다는 점이 있습니다.

담장이 철거됨으로써 보안문제 등이 제기될 수 있기 때문에 지자체에서 무인 자가방범 시스템을 설치해줄 뿐만 아니라 자투리땅에는 수목을 식재하는 조경공사도 지원하고 있어 건물의 외관이 유려하게 보이게 됩니다.

주차장 확보 정도에 따라 지원해주는 금액은 지자체별로 조금씩 상이함으로로 해당 지자체에 문의해보는 것이 좋습니다.

〈그린파킹사업 지원 내용 및 유지 조건〉

대상 건축물	주차장 증설 면에 따른 지원 금액			부대시설	비고
단독주택, 근린생활시설	1면 900만 원	1면 추가당 150만 원	최대 2,800만 원	방범시설, 조경공사, 주물 대문 등	5년간 유지
아파트	1면 최대 70만 원	1면 추가당 70만	최대 5,000만 원		
사업 신청자가 주차공유에 참여하는 경우 보조금 우선 지급 및 주차징 수입 배분					

* 서울시 마포구 기준

그린파킹사업 공사 전 사진

그린파킹사업 공사 후 사진

내 마음에 쏙 드는 꼬마빌딩 만들기

꼬마빌딩은 여러 형태로 접근할 부분이 많습니다. 구입 당시의 부동산 형태에 따라 ①이미 꼬마빌딩 형태로 되어있는 부동산을 구입하거나 ②단독주택을 구입해서 내외부 리모델링과 근린생활시설로의 용도변경을 통해 꼬마빌딩으로 개조하거나 ③공장 등 다른 용도를 쓰이던 건축물을 구입하여 꼬마빌딩으로 만들거나 ④아예 나대지 상태로 구입해서 새로이 꼬마빌딩을 신축하는 방법 등이 있습니다. 또 건물의 사용용도를 어떻게 할 것인가도 검토해야 합니다. ①상가 및 사무실 전용이냐, ②상가, 사무실 및 주거 겸용이냐, ③공동 구매자와 공동 커뮤니티를 공유하는 형태로 갈 것이냐 등 다양하게 접근해서 살펴볼 부분이 많으며, 이런 용도를 결정하는 데 각각의 장단점이 있으니 모든 상황을 먼저 검토해 보고 결정하는 것이 좋습니다.

이미 꼬마빌딩의 형태를 갖춘 부동산을 구입하는 경우

이 경우의 장점으로는 구입 후 특별한 상황이 아니면 리모델링을 하지 않아도 되고, 임대 등 현재 상태를 계속 유지할 수 있어 구입 후 비교적 여유를 가질 수 있습니다. 또한 상점이 입점해있는 경우 바로 임대 수입이 발생할 수 있습니다. 통상 이런 꼬마빌딩의 입지는 이미 상권이 형성되어 매매가격이 높다는 것입니다.

단점이라면 비교적 가격이 비싸고 또 지금 형태 그대로 인수하게 되어 구입자가 원하는 형태의 건물로 개조하기 위해서는 리모델링 등의 비용이 추가로 발생할 수도 있다는 것입니다.

꼬마빌딩으로 개조가 가능한 단독주택을 구입하는 경우

이 경우의 장점으로는 꼬마빌딩 형태의 부동산을 구입하는 것에 비해 가격이 저렴할 수 있고, 리모델링을 통해 구입자가 원하는 형태로 바꿀 수 있다는 점입니다.

단점으로는 바로 임대 수익을 발생시키기가 어렵고(일부 거주 세입자로부터 임대수입을 얻을 수도 있지만) 상권이 형성되지 않을 지역일 수도 있다는 점입니다. 특히 리모델링 등의 비용이 발생하고 용도를 단독주택에서 근린생활시설로 바꾸기 위한 행정절차도 밟아야 합니다.

일반 단독주택

리모델링하는 모습

완성된 꼬마빌딩

폐공장 등을 구입하여 꼬마빌딩으로 리모델링하는 경우

공장 밀집지역이었으나 공장이 타지역으로 이전하면서 동공화 현상이 나타난 지역의 폐공장을 구입하는 방법도 있습니다. 상권이 발달한 지역의 번듯한 꼬마빌딩을 구입하는 것보다는 구입 금액이 훨씬 낮다는 장점이 있는 반면, 구입 전 폐공장 지역의 향후 발전 가능성, 새로운 테마 중심의 상권이 형성될 수 있는지, 또 어떤 형태로 변화할 것인지에 대한 사전 점검과 예측이 필수적입니다.

성수동 준공업지역, 문래동 준공업지역 등이 이에 해당하는데, 이 지역들

174

은 새로운 형태의 상권이 형성되면서 이미 가격이 많이 올라 구입 매력이 떨어지는 것이 단점입니다. 그러므로 미개발 공장지역 중 이런 형태로 발전할 만한 새로운 지역을 발품을 팔아 찾아내는 노력이 필요합니다.

특히 여러 부류의 동호인들의 움직임 등을 사전에 철저히 확인하고 찾아내서 구입 후 특화지역으로 발전할지에 대한 정확한 예측을 하고 구입을 결정하는 것이 좋습니다. 또 구입을 결정하고 나면 어떻게 리모델링하여 사용할 것인지에 대한 사전 검토도 필요합니다.

폐공장 지역의 새로운 테마 상권으로는 공방, 카페, 소규모 작업장, 실험카페, 베이커리, 동호인들의 작업 공간, 예술인들의 특화된 공간 등으로 발전된 가능성이 있으므로 이를 참고해서 리모델링하는 방법을 찾아야 합니다.

나대지 또는 구옥을 구입한 후 꼬마빌딩을 신축하는 경우

이 방법은 토지 구입비 외에 건물 신축비가 추가로 들어갑니다. 건물 신축비도 만만치 않을 뿐더러 용도에 맞는 설계, 그에 따른 신축공사부터 준공검사까지 일련의 진행 과정에서 신경 써야 할 부분이 많이 있습니다.

그러나 내가 원하는 건물을 신축할 수 있고, 그만큼 자산의 가치가 상승한다는 장점이 있습니다. 신축건물이다 보니 임대도 잘 나가고, 임대료도 좀 더 많이 받을 수 있습니다.

구건축물이 있는 경우 지상물 철거작업을 하고, 이어 건축허가를 받아 신축공사를 진행하게 됩니다. 해당 관청에서 준공허가를 내주기까지 철거, 신축, 준공 신청의 여러 단계에서 만만치 않은 행정절차를 거치게 됩니다.

구체적으로 살펴보면, 철거의 경우 석면조사 결과서를 첨부한 건축물철거 신고서를 관할시 군·구청에 제출해야 합니다. 특히 철거 및 신축하는 경우 인근지역 거주민의 민원이 발생할 가능성이 높으므로 철거 전 인근 거주민 에게 찾아가 공사에 들어갈 예정임을 알리고 협조를 부탁하는 절차가 중요 합니다.

철거작업이 원만히 끝나면 설계도면에 따른 신축공사에 들어가게 되는데, 설계단계에서부터 건축허가 신청, 건물구조, 면적, 용도, 사용 자재, 공사 기 간, 공사 감리, 준공검사, 하자보수 등 건물 신축과 관계된 파트너(설계사무 소, 시공회사, 감리단 등)와 긴밀한 협의를 통해 안전하고 완벽하게 건물을 신 축해야 합니다.

대부분 건물 신축에 대한 전문적인 지식이 없기 때문에 시공사 앞으로 모 든 일을 전적으로 맡기는 도급계약(설계, 건축허가, 시공, 준공 등)을 하게 되는 데, 도급계약서 작성 전에 다른 유사 건물 시공 경험자의 자문을 듣는 과정 을 꼭 거쳐야 신축 과정의 시행착오를 최소화할 수 있습니다.

꼬마빌딩 구입 전 검토하기

어떤 형태로 꼬마빌딩을 운용할지 미리 결정하기

구입 전에 상가나 사무실 전용으로 할지, 아니면 주거, 상가, 사무실 겸용의 꼬마빌딩을 구입할지 결정해야 합니다.

일반적으로 꼬마빌딩을 구입할 때에는 사전에 구입 목적, 자금 규모 등 여러 요소들을 검토하게 됩니다. 구입 목적이 임대료를 얻는 것이라면 당연히 상가나 사무실 전용 건물을 살펴봐야 하고, 주거를 생각하는 경우에는 상가와 주거 겸용 건물을 보게 됩니다. 통상 상가 전용 건물의 경우는 비교적 비싸고, 주거 겸용 건물의 경우는 상가 전용 건물에 비해 조금 저렴한 편입니다.

그러니 실제 필요에 의한 꼬마빌딩을 구입한다고 생각하고 잘 살펴보아야 내 눈에 딱 맞는 실용성 좋은 건물을 찾을 수 있습니다.

꼬마빌딩의 용도에 따라 검토할 내용이 달라진다

최근 들어 공유제라는 새로운 형태의 소유 개념이 도입되고 있습니다. 특정한 물건을 개인이 모든 비용을 지불하고 단독 소유하는 경우, 실사용 빈도에 비해 지불하는 비용의 크기가 크기 때문에 사용 빈도를 높이면서 지불하는 비용을 줄이려는 것이 공유제의 핵심입니다.

콘도미니엄을 공유제라 하면 이해가 쉬울 것입니다. 콘도미니엄의 경우 집처럼 매일 쓰는 것이 아니기 때문에 개인이 비싼 돈을 주고 전적으로 소유할 경우 너무 비효율적입니다. 그래서 이를 여러 사람이 나눠 비용을 줄이고 필요할 때에만 사용하는 것이지요. 개인이 부동산을 구입할 때도 이런 개념이 도입되고 있습니다. 꼬마빌딩을 여러 명이 구입하고, 개인이 필요한 공간은 각자 전유 공간으로 나누고 여유 공간은 공동으로 임대를 놓거나 또는 구입자들이 공유해서 쓸 수 있는 공동 커뮤니티 공간으로 활용하는 것입니다.

예를 들어 하나의 꼬마빌딩을 세 명의 공동 투자자가 구입하는 경우, 세 명에게 전용으로 쓸 수 있는 공간을 각각 배분하고 공동의 커뮤니티 공간을 만들어 서로 활용하며, 남은 공간은 임대를 주어 발생하는 수입을 서로 나누어 갖는 형태의 투자 기법인데 많이 활성화될 것으로 보고 있습니다.

명의는 누구의 것으로 할 것인가

꼬마빌딩을 구입할 때 누구의 명의로 등기를 할 것이냐도 사전에 검토해 봐야 할 사항입니다.

등기 명의자의 주체에 따라 단독명의, 공동명의, 법인명의 등으로 나눠볼 수 있습니다. 단독명의 아니면 공동명의로 구입할 것인가, 개인명의로 할 것인가 또는 법인명의로 할 것인가를 결정하는 일은 매우 중요합니다.

건물을 구입할 때 단독명의로 구입하는 경우 관리가 용이하고 의사결정이 빠르다는 장점이 있습니다. 또 건물을 개인적으로 활용하는데 그 누구의 제약도 받지 않습니다. 그러나 건물 구입비용을 혼자서 책임지다 보니 부담이 많이 되고 인테리어, 리모델링 등 비용이 추가적으로 투자되는 경우 그 투자비 역시 모두 한 사람이 부담해야 합니다. 이외에도 임대소득 발생 시 납부해야 하는 종합소득세나 매도 시 납부하는 양도소득세 등의 세율 적용에 불리하다는 단점도 있습니다.

공동으로 구입하는 경우는 개인이 단독으로 구입하는 것과 장단점이 반대로 나타납니다. 그래서 최근에는 투자비용도 적게 들고, 세금 등의 혜택, 재산의 사전적 증여 등을 위해 자녀, 특히 부부 공동명의로 부동산을 구입하는 경우가 많습니다. 제3자와 공동명의로 부동산을 취득할 때 주의해야 할 점은 가능하면 관리, 양도 등 첨예하게 부딪힐 수 있는 부분은 문서로 작성하여 그 내용을 근거로 관리해나가야 한다는 것입니다. 공동투자를 하는 경우 구입 당시와 시간이 지난 후의 생각들이 달라질 수 있어 다툼이 발생할 소지가 있기 때문에 이 점은 각별히 챙겨야 합니다.

법인을 설립하여 부동산을 취득하는 경우도 있습니다. 이 방법은 개인이나 또는 공동으로 구입하는 각각의 장단점 중 장점만 취할 수 있는데, 취득, 보유, 양도 시 발생하는 세금에 차이가 있고, 특히 지분을 이전할 때 등기절차 없이 주식의 양수도만으로도 가능하므로 여러 가지 유리한 점이 많습니다.

꼬마빌딩은 사고자 하는 의지와 의욕이 있어야 살 수 있는 것입니다. 그렇다고 의지와 의욕만 가지고는 살 수 없습니다. 어느 정도의 꼬마빌딩을 살 것인지 목표를 먼저 정하고 현재 내가 가지고 있는 자산의 규모, 구입 시기 등을 검토해야 합니다.

Chapter 6

투자 금액과
시기에 따른
실전 투자 전략

돈이 많다고 꼬마빌딩의 주인이 되는 것은 아닙니다. 돈이 없다고 꼬마빌딩의 주인이 되지 못하는 것도 아닙니다. 이뤄내느냐 못 이뤄내느냐의 차이는 꿈과 의지가 있느냐 없느냐에서 갈라지게 되는 것이지요. 일단 꼬마빌딩의 주인이 되겠다는 꿈이 있어야 출발점에 서는 것이고 거기서부터 진정한 도전이 시작됩니다.

그러나 막상 꼬마빌딩의 건물주가 된다는 생각만으로 출발하려면 앞이 막막하고 무엇부터 시작해야 할지 캄캄하기 십상입니다. 어디에 있는, 어느 정도의 규모를, 내가 지금 가진 돈은 얼마이고, 이걸 어떻게 더 불려서 자금을 맞춰야 하나 등 생각해볼 것들이 하나둘이 아닐 것입니다.

- 얼마짜리 꼬마빌딩을 사야 하나?
- 언제쯤 살 수 있을까?
- 얼마를 모아야 하나?
- 돈을 어떤 방법으로 모아야 효과적인가?
- 어디에 가서 물어봐야 하나?
- 정보를 주는 사람이 정말 내 편에서 나의 이익을 위해 최선을 다해줄까?
- 진정 내가 원하는 꼬마빌딩의 실체는 무엇일까?

이런저런 고민으로 꼬마빌딩 구입계획에서 한 발도 나아가지 못하는 경우가 있고, 아예 계획조차 잡지 못하고 로망 단계에서 포기하고 마는 경우도 많이 생깁니다.

좀 더 구체화된 내용으로 구입하려는 시기와 필요 자금과의 관계를 최근의 금융시장과 경제환경을 중심으로 알아본다면 나름대로 원하는 계획을 세울 수 있을 것이라 확신합니다. 돈을 모으는 방법은 여러 가지이고 특히 기간에 맞춰 돈 모으는 계획을 수립하는 것이 무척 중요하기 때문이지요.

꼬마빌딩은 사고자 하는 의지와 의욕이 있어야 살 수 있는 것입니다. 그렇다고 의지와 의욕만 가지고는 살 수는 없습니다. 어느 정도의 꼬마빌딩을 살 것인지 목표를 먼저 정하고 현재 내가 가지고 있는 자산의 규모, 구입 시기 등 많은 것을 검토해야 합니다.

이 챕터에서는 좀 더 구체적인 사례를 중심으로 살펴보도록 하겠습니다. 다음의 표에서 보는 바와 같이 여러 상황이 존재할 수 있습니다. 모든 경우의 수를 뽑아서 사례를 만들어 본다면 아마 수백 가지 이상의 사례가 나올 수 있지만 그중 가장 일반적이고 실제 일어날 가능성이 높은 사례 몇 가지만 가정하여 설명해볼까 합니다.

〈꼬마빌딩 구입 시의 여러 경우의 수〉

항목	각각의 여러가지 상황	비고
꼬마빌딩 가격	10억 원, 15억 원, 20억 원, 25억 원, 30억 원 등	각 항목별로 해당되는 상황을 골라 계획을 수립하여 진행
종자돈	5,000만 원, 1억 원, 3억 원, 5억 원, 7억 원 등	
구입 소요 시기	시작부터 5년, 10년, 15년, 20년 등	
연간 저축 가능액	1,000만 원, 2,000만 원, 3,000만 원, 5,000만 원 등	

01

안정성 위주의 단기투자 전략

희망 꼬마빌딩 가격 10억 원, 준비자금 3억 원,

구입 예정 시기 5년 후, 연간 저축 가능액 7,000만 원

꼬마빌딩 예상 구입가격이 10억 원이고, 당장 있는 현금이 3억 원이면 5년 후 구입에 필요한 추가자금은 7억 원이 됩니다. 즉, 7억 원을 5년 동안 만들 수만 있으면 꼬마빌딩의 주인이 될 수 있습니다. 여기서 중요한 것은 과연 10억 원으로 내 마음에 드는 꼬마빌딩을 찾아낼 수 있느냐 입니다만, 당장 구입하는 것이 아니니까 먼저 구입자금을 만들어내는 재무 해결책부터 챙겨 보는 것이 중요할 듯합니다.

실제 구입에 필요한 추가 자금이 7억 원이고 연간 저축 가능액이 7,000만 원이면 5년에 걸쳐 모을 수 있는 자금은 기본적으로 3억 5,000만 원이 됩니다. 그렇다면 준비된 종잣돈 3억 원을 포함해서 마련할 수 있는 자금은 6억 5,000만 원입니다.

그러나 적립하는 과정에서 좋은 금융상품 등을 적절히 활용하여 좀 더 많은 자금을 확보하면서 필요한 대출금 등을 최소화해야 합니다.

즉, 종잣돈 3억 원과 매년 적립 가능한 7,000만 원의 활용 방법을 잘 찾아야 합니다. 좀 더 높은 수익률을 올릴 수 있는 방법이면서도 위험을 최소화할 수 있는 방법을 찾아보자면 우선 3년, 5년짜리 국채나 지방채 또는 금융채 등에 투자하는 방법을 추천합니다.

요즘 같은 저금리 시대라 하더라도 산업금융채권 3년제는 1% 중반 전후, 5년제는 2% 전후의 금리를 받을 수 있습니다. 이미 준비된 자금 3억 원에 추가로 적립되는 3억 5,000만 원의 중간 금액인 약 2억 원을 합해 5억 원으로 가정하여 그 자금을 연금리 1.7%로만 운용하더라도 연간 800만 원, 5년 후면 4,000만 원의 금융소득을 올릴 수 있습니다. 위험은 최소화하면서 일정 부분 금융소득을 발생시켜 원하는 꼬마빌딩을 매입하는데 유용하게 사용할 수 있습니다. 가장 안전한 방법이고 이번 케이스처럼 차입해야 하는 금액이 많지 않을 경우 활용할 수 있는 자산운용 방법입니다.

이렇게 되면 5년 후에 종잣돈 3억 원, 적립금 3억 5,000만 원 그리고 발생 금융소득 4,000만 원을 합칠 경우 6억 9,000만 원의 자기자금이 만들어지기 때문에 추가 필요자금은 3억 1,000만 원인데, 부족한 자금을 준비하는 방법은 크게 두 가지로 나눠볼 수 있습니다.

첫 번째는 금융회사로부터 저리의 장기대출을 받는 방법입니다. 통상 연 3% 내외의 금리를 부담해야 하는데, 그럴 경우 연간 1,000만 원의 금융비용이 발생합니다. 빌딩 등을 구입하는 경우 자금 용도가 제한되어 대출이 안 나올 수도 있으니, 상황에 맞춰 대출을 해주는 금융회사를 찾아야 합니다. 아울러 부족한 금액을 전액 대출로 맞출 경우 꼬마빌딩에 입점해있는 세입자로부터 받는 임대료로 대출이자를 지급할 수 있습니다. 이 경우 임대수입 중 대출이자 지급 부분은 금융비용으로 처리하여 임대소득에 대한 종합소득세 계산 시 소득금액을 줄일 수 있습니다.

두 번째 방법은 부족한 자금을 구입하는 꼬마빌딩의 임대보증금으로 대체하는 방법입니다. 금융회사 대출이 어렵거나 또는 임대보증금 월세대체율이 대출이자보다 낮을 경우 선택하면 여러면에서 유리한 방법입니다. 이외에 임대보증과 대출금을 적절히 나누어 부족금액에 충당해도 좋습니다.

〈기간 중 종잣돈 및 추가적립 가능액 운용표〉: 목표 7억 원, 기간 5년

자금 원천	투자 금액	운용 내용	금액		기간	비고
			원금	이자		
종잣돈	3억 원	금융채권 5년제 (연1.7% 전후)	3억 원	2,500만 원	5년	산업금융채권 환매조건 부채권 추천 수시변동
연간 저축 가능 금액	연간 7,000만 원 5년 3억 5,000만 원	제2금융권 정기적금 후 금융채투자	3억 5,000만 원	1,500만 원		제2금융권 특판 정기적금 (예금자보호법 범위 내 운영)
합계	6억 5,000만 원		6억 5,000만 원	4,000만 원	5년	원리금 6억 9,000만 원

* 운용상품 및 운용금리는 상황에 따라 바뀔 수 있습니다.

〈꼬마빌딩 구입자금 조달 방법 및 상환 방법〉

빌딩 가격	자기자금	부족액	부족액 조달 방법		비고
			빌딩 보증금	금융대출	
10억 원	7억 원	3억 1,000만 원	1억 5,000만 원	1억 6,000만 원	금리 저렴한 제1금융권 대출
코멘트	빌딩 구입 후 적립 가능한 금액으로 금융대출금을 상환한 후 임대보증금을 월세로 전환하여 월 임대료를 올리면 안정적인 현금 수입이 보장됨.				

* 구입한 꼬마빌딩에 입주하는 경우, 기존의 전세금, 보증금 등을 부족자금에 충당하면 훨씬 자금 부담이 경감됩니다.

안정적이고 준장기적인 투자 전략

희망 꼬마빌딩 가격 15억, 준비자금 7억 원,

구입 예정 시기 10년 후, 연간 저축 가능액 5,000만 원

꼬마빌딩 가격이 15억 정도 된다면, 서울, 부산 같은 대도시의 중심상권에서는 쉽게 구할 수 없을지 몰라도 대도시 외곽지역이나 수도권 중소도시에서 적당한 크기의 꼬마빌딩을 구할 수 있습니다. 물론 발품도 팔아야 하고, 대도시와 중소도시 중 어디에 소재하는 꼬마빌딩을 구입할 것이냐의 선택도 재무적 해결 방법을 찾는 일과 마찬가지로 무척 중요하고 신중하게 접근해야 할 부분입니다.

꼬마빌딩을 구입할 때 거주지와 멀리 떨어져 있는 경우 관리가 부실해질 수도 있습니다. 더구나 주상겸용의 꼬마빌딩을 염두에 두었다면 주거지를 옮기는 문제까지 검토해야 하기 때문에 더욱 신중해야 합니다.

거주지 이전이 용이한 상황이라면 중소도시의 꼬마빌딩 구입을 적극 추천합니다. 은퇴 후 대도시의 복잡한 환경에서 벗어나 주상복합 꼬마빌딩 가까이에서 쾌적한 자연환경을 누리며 살 수 있습니다. 중소도시의 경우도 최근에는 많은 문화시설, 편리한 교통, 수준 높은 의료기관, 역량 있는 교육시설 등이 제대로 갖춰져있는 곳이 많이 있습니다. 다만 이런 지역의 주상겸용 꼬마빌딩을 구입하고자 한다면 대도시보다 더 신중하게 상권의 발달 정도, 향후 상권의 집중도와 활성화 등을 따져보아야 합니다.

이번 케이스의 경우 비교적 준비자금도 넉넉하고 매입 시점까지 10년이 남아 있으며 그 기간 중 적립할 수 있는 금액도 충분하기 때문에 역시 안정성 위주의 전략으로 필요자금을 준비하는 것이 좋습니다.

좀 더 높은 금리를 위해 새마을금고나 신협, 단위농협 등에서 특판 정기적금을 판매할 때 그 상품에 가입하는 것을 추천합니다. 높은 특별 우대금리를 제공하는 특판 정기적금이나 부금 등의 상품이 간간이 출시되고 있으므로 적극 활용하면 좋습니다. 단, 은행이 아닌 이런 제2, 제3금융권의 경우 예금 인출이 정지되는 사태 등에 대비해서 금융회사별로 1인 기준 원금과 이자 포함 5,000만 원 이내의 금액으로 운용하는 것이 좋습니다.

10년간 연 5,000만 원씩 적립한다면 원금 기준 5억 원이고, 특판 정기적금의 연금리를 2% 후반 내외로 적용했을 때, 10년 동안의 적립금액 5억의 절반인 2억 5,000만 원의 평균잔액을 기준으로 약 7,000만 원 정도의 이자를 모을 수 있습니다. 적금 가입 초년에는 적립액이 적어 이자 발생금액이 미미하나, 시간이 흘러 적립금액이 늘어나는 경우 상응되는 이자소득 금액이 늘어나기 때문에 가능한 것입니다.

기본 종잣돈 7억 원의 경우 장기국채 등에 가입할 경우 연 1% 중반 정도 (수시 변동)의 금리를 받을 수 있어, 연간 1,200만 원의 이자소득이 발생하게 되고 산술적으로 10년간 이를 운영하면 이자소득만 1억 2,000만 원에 달하게 됩니다.

10년 동안 계획대로 자금을 모으고 운용했다면 10년 후 기본 종잣돈 7억 원과 금융소득 1억 2,000만 원, 그리고 10년간 적립한 금액 5억 원, 발생이자 소득 7,000만 원 등 총 13억 9,000만 원의 금액을 모을 수 있습니다.

여기서 짚고 넘어갈 부분은 금리가 저금리 시대라 하더라도 장기간 꾸준히 자금을 모으고, 저금리하에서도 특별금리 등을 잘 챙기는 경우 쏠쏠한 금융소득을 얻을 수 있다는 것입니다.

이 케이스에서는 원하는 꼬마빌딩은 15억 규모인데, 자기자금으로 13억 9,000만 원을 마련했기 때문에 구입 결정 시 재무적인 문제는 거의 발생하지 않게 됩니다. 이런 경우 해당 꼬마빌딩에 입점하거나 입주해있는 세입자의 보증금 등을 합의하에 돌려주고 상응되는 부분만큼 월세로 전환하여 좀 더 늘어난 임대수익을 기대할 수 있습니다.

〈기간 중 종잣돈 및 추가적립 가능액 운용표〉: 목표 14억 원, 기간 10년

자금 원천	투자 금액	운용 내용	금액		기간	비고
			원금	이자		
종잣돈	7억 원	금융채 또는 국채 5년제 (연 1% 중반)	7억 원	1억 2,000만 원	10년	산업금융채권 등 연복리 운용 감안 금리 수시변동
연간 저축 가능액	연간 5,000만 원 10년 5억 원	제2금융권 정기적금 후 금융채투자 (회사채)	5억 원	7,000만 원	10년	제2금융권 특판 정기적금 (예금자보호법 범위 내 운영)
합계	12억 원		12억 원	1억 9,000만 원	10년	원리금 13억 9,000만 원

* 운용상품 및 운용금리는 상황에 따라 바뀔 수 있습니다.

〈꼬마빌딩 구입자금 조달 방법 및 상환 방법〉

빌딩 가격	자기자금	부족액	부족액 조달 방법		비 고
			보증금	금융대출	
15억 원	13억 9,000만 원	1억 1,000만 원	0	1억 1,000만 원	금리 저렴한 제1금융권 대출
코멘트	빌딩 구입 후 적립 가능한 금액으로 금융대출금을 상환한 후 임대보증금을 월세로 전환하여 월 임대료를 올리면 안정적인 현금 수입이 보장됨.				

* 구입한 꼬마빌딩에 입주하는 경우, 기존의 전세금, 보증금 등을 부족자금에 충당하면 훨씬 자금 부담이 경감됩니다.

03

비교적 준공격적인 장기투자 전략

희망 꼬마빌딩 가격 10억 원, 준비자금 5,000만 원,
구입 예정 시기 15년 후, 연간 저축 가능액 3,000만 원

현재 준비된 자금이 넉넉지 않고 기간 중 저축 가능 금액도 약간은 부족한 듯한 이런 케이스에서는 절약에 대한 확고한 철학이 필요합니다. 사실 이 정도 자금 사정이라면 꼬마빌딩을 구입하려고 계획한다는 것이 현실적으로 어려워 보이기 때문에 아예 생각하지 않는 경우가 대부분일 것입니다. 체념하고 포기하다 보면 일확천금이 가능할 것으로 보이는 주식투자나 가상화폐 등의 투자에 많은 관심이 쏠리게 됩니다.

그런 투자의 경우에도 성공 신화를 쓸 수도 있지만 반대로 벼락거지로 전

락해버릴 수도 있다는 것을 분명히 알아두어야 합니다. 이런 케이스에서는 불가능하다고 자포자기하지 말고, 세심하게 의지력을 키워 꼬마빌딩으로 부동산 성공 신화에 도전해야 합니다.

일단 향후 15년의 기간이 있기 때문에 3,000만 원씩 15년을 모으는 경우 원금 기준 4억 5,000만 원이 됩니다. 결코 적은 돈은 아닙니다. 이 돈을 모으기 위해서는 첫째는 절약, 둘째는 장기전 진행 의지입니다. 살다 보면 여러 상황이 발생하게 되고, 때론 힘들고 포기하고 싶은 경우도 많이 생깁니다만 재테크에 성공한 사람들의 특징이 힘들어도 중간에 포기하지 않은 의지력이라는 것을 기억해두어야 합니다.

재무적으로 자금을 좀 더 많이 만들기 위해서는 기간에 따른 3단계 전략을 추천합니다.

1단계는 최초 5년 동안 마을금고, 신협, 저축은행 등 제2, 제3금융권의 특판 우대 정기적금이나 부금을 찾아 가입하는 것입니다. 우대금리를 제법 많이 주며, 연 3%를 초과하여 제공하는 곳도 있습니다. 연간 3,000만 원씩 5년간 1억 5,000만 원의 원금을 평균 연 3%의 금리로 운용하였을 경우, 약 1,200만 원의 금융소득이 발생합니다. 아울러 종잣돈 5,000만 원은 저축은행, 신협 또는 마을금고 등 제2금융권 특판 우대 정기예금에 가입합니다. 연 2%로 운용하였을 경우 5년간 500만 원의 이자소득이 발생하게 됩니다.

또한 종잣돈 5,000만 원은 해당 금융회사가 지급하지 못할 경우가 발생하더라도 예금자보호법에 따라 해당 금액을 정부가 보장해주기 때문에 안전하게 예치해놓을 수 있습니다.

시작 후 6년째부터 10년에 해당하는 2단계에서는 연간 저축액 3,000만 원은 지속적으로 우대금리를 적용받는 정기적금이나 부금에 가입하고, 1단계에서 적립했던 원금 1억 5,000만 원 그리고 기본 종잣돈 5,000만 원과 이자소득 500만 원, 1단계 기간 중 정기적금에서 발생한 이자소득 1,200만 원의 총합계 2억 1,700만 원을 국채나 금융채보다 금리가 좀 더 높은 회사채 등에 투자하는 것을 권합니다. 물론 국채나 지방채보다는 위험도가 높지만, 우리나라 우량기업의 경우 대외신인도도 좋고, 내부 회계관리 기능도 뛰어나서 투자 적격 등급의 회사채라면 충분히 투자해볼 만합니다.

기준금리 0.75%를 기준으로 할 때 회사채 등급 AAA등급은 연 1.2% 내외, A등급은 2.1% 내외, A-등급은 2.5% 내외, 투자 적격 등급에 속하는 BBB+등급은 5.1% 내외 정도의 금리가 형성되어 있습니다. 위험도는 조금 높아 보이지만 BBB+등급의 회사채의 회사 내용, 재무제표 등을 잘 살펴서 투자하면 시중은행의 정기예금 금리의 두 배 이상의 금융소득을 기대할 수 있기 때문에 투자 대상으로 검토해볼 만합니다.

2단계 5년 동안 적립 가능한 금액은 1단계와 동일한 방법으로 금융소득을 만들고, 이미 만들어진 2억 1,700만 원의 절반은 우량 회사채나 국고채 등에 투자하고, 나머지 절반은 BBB+등급 중 우량회사를 골라 해당 회사의 발행채권에 투자하는 경우 연 5%의 금융소득이 발생할 수 있어 목돈을 만드는 데 훨씬 유리합니다.

이렇게 할 경우 2단계 5년간(시작 기준 6년~10년 차) 제2금융회사 정기적금 불입액 및 이자 발생 금액 1억 6,200만 원이 발생되고, 1단계 기간 중 모아놓은 2억 1,700만 원으로 국고채와 회사채 등에 분산투자했을 경우 채권투자 금융소득 3,900만 원[(국고채 등 투자 1억 원×2%×5년=1,000만 원)+(BBB+등급 회사채투자 1억 1,700만 원×5%×5년=2,900만 원)=3,900만 원]이 발생하여 1, 2단계 기간 중 만들어진 목돈과 이자금액을 합할 경우 10년 사이에 총 4억 1,800만 원의 목돈을 마련할 수 있습니다.

마찬가지로 3단계 5년간(시작 기준 11년~15년 차) 적립가능 금액은 1단계와 동일하게 적립하고(5년간 1억 6,200만 원 적립 가능) 2단계에서 모은 목돈 4억 1,800만 원을 국고채와 투자 등급 회사채 채권 등에 투자할 경우 5년간 7,400만 원의 금융소득이 발생하게 됩니다. 3단계가 끝나는 15년 후에는 종잣돈 5,000만 원, 적립원금 4억 5,000만 원, 이자소득 4,100만 원, 채권투자 소득 1억 1,300만 원이 합쳐져서 총 6억 5,400만 원의 자금을 모을 수 있습니다.

꼬마빌딩 구입 목표 가격을 10억 원으로 정해놨기 때문에 6억 5,400만 원의 자기자금을 충당할 경우 3억 4,600만 원의 타인자금만 조달하면 원하는 꼬마빌딩을 구입할 수 있습니다. 물론 기간 중 좀 더 절약하여 추가자금을 마련할 경우 훨씬 부담이 줄어듭니다. 부족한 자금을 금융권 대출이나 세입자의 보증금 등으로 충당할 경우 큰 무리 없이 목표를 달성할 수 있습니다.

이 사례에서 신경을 써야 할 부분은

첫째, 워낙 장기간이다 보니 집중도가 떨어질 수 있음에 유의해야 합니다.

둘째, 투자 적격 등급의 회사채에 투자해도 금융시장 등의 시장 상황과 투자 대상 회사의 신용상태 점검에 각별히 유의해야 합니다.

셋째는 거액의 자금이 제2금융권에 투자되는 점을 감안하여 예금자보호

제도를 적절히 활용해야 합니다.

이 케이스는 장기로 준비하기 때문에 그 기간 중 조금씩 적립액을 늘릴 경우, 15년 후에 추가적으로 적립되는 자기자금이 크게 늘어날 수 있어 실제 꼬마빌딩 구입 시 부족자금을 최소화할 수 있게 됩니다.

〈기간 중 종잣돈 및 추가적립 가능액 운용표〉 : 목표 6억 5,000만 원, 기간 15년

자금 원천		투자 금액	운용 내용	금액		기간	비고
				원금	이자		
1 단계 (1년 ~ 5년)	종잣돈	5,000만 원	제2금융권 특판 정기예금 (연 2% 전후)	5,000만 원	500만 원	5년 (1~5년)	제2금융권 특판 정기예금 연복리 운용 감안
	연간 저축 가능액	연 3,000만 원 5년 1억 5,000만 원	제2금융권 특판 정기적금 (연 3%)	1억 5,000만 원	1,200만 원		제2금융권 특판 정기적금 (예금자보호법 적극 활용)
2 단계 (6년 ~ 10년)	목돈 투자	2억 1,700만 원	국고채 등 (연 1% 후반)	1억	1,000만 원	5년 (6~10년)	회사채 신용상태 수시점검
			회사채 BBB+	1억 1,700만 원	2,900만 원		
	연간 저축 가능액	연 3,000만 원 5년 1억 5,000만 원	제2금융권 특판 정기적금 (연3%)	1억 5,000만 원	1,200만 원		제2금융권 특판 정기적금 (예금자보호법 적극 활용)

단계	구분	금액	운용상품	금액	이자	기간	비고
3단계 (11년~15년)	목돈투자	4억 1,800만 원	국고채 등 (연 1% 후반)	2억 원	2,000만 원	5년 (10~15년)	회사채 등의 신용상태 수시 파악 활용
			회사채 BBB+	2억 1,800만 원	5,400만 원		
	연간 저축 가능액	연 3,000만 원 5년 1억 5,000만 원	제2금융권 특판 정기적금 (연 3%)	1억 5,000만 원	1,200만 원		장기 적립에 따른 피로감 주의 환기
합계		5억 원		5억 원	1억 5,400만 원	15년	원리금 6억 5,400만 원

* 운용상품 및 운용금리는 상황에 따라 바뀔 수 있습니다.

〈꼬마빌딩 구입자금 조달 방법 및 상환 방법〉

빌딩 가격	자기자금	부족액	부족액 조달 방법		비고
			보증금	금융대출	
10억 원	6억 5,400만 원	3억 4,600만 원	1억 5,000만 원	1억 9,600만 원	금리 저렴한 1금융권 대출
코멘트	장기간의 적립 기간이 있으니 조금씩 더 절약하여 월 50만 원씩 추가 적립할 경우 15년간 적립원금만 9,000만 원이 되고 이자 감안 시 1억 원 추가로 조달 가능함.				

* 구입한 꼬마빌딩에 입주하는 경우, 기존의 전세금, 보증금 등을 부족자금에 충당하면 훨씬 자금 부담이 경감됩니다.

장기보험과 준공격적 투자 전략

희망 꼬마빌딩 가격 15억 원, 준비자금 1억 원,

구입 예정 시기 20년 후, 연간 저축 가능액 3,000만 원

기간이 비교적 길기 때문에 장기적 투자에 대한 접근이 필요한 케이스입니다. 산술적으로 연간 저축금액 3,000만 원으로 20년간 원금 기준 6억 원의 적립이 가능합니다. 역으로 계산해보면 이미 준비된 종잣돈 1억 원과 저축 가능액 6억 원을 합하면 원금 7억 원이 되고, 구입 예정 꼬마빌딩 금액을 15억으로 예상하고 있으므로, 8억 원의 추가자금이 필요할 것입니다.

이런 경우 일반적인 적금 등을 활용할 수도 있지만, 보험회사에서 취급하는 장기저축성 보험 등에 가입하는 것도 투자의 한 방법이 됩니다. 장기저축성 보험은 보장성 보험 부분은 최소화하고 원금 및 이자 위주의 보험상품으로 설계하는데, 생명보험회사나 손해보험회사가 취급하는 상품입니다.

단점이라면 기간이 장기라는 것이고, 장점으로는 공시이율제도를 도입하여 운용금리가 올라갈 경우 확정금리가 아닌 공시이율로 연동해서 적용하기 때문에 이자의 연동성이 좋습니다. 물론 확정금리형도 있고, 기준금리 0.75% 수준에서도 연 2~3% 금리를 보장하는 상품이 있기 때문에 이런 장기저축성 보험에도 투자를 해볼 만합니다. 또 단기간 운용하는 경우 사업비 명목으로 차감되는 금액이 크기 때문에 실제 운용에 따른 높은 수익을 기대하기는 어렵지만, 장기로 운용하는 경우에는 상대적으로 사업비 비중이 적어집니다. 이외에도 계약자 변경 없이 5년간 불입하고, 10년간 유지하는 조건을 충족할 경우 월 150만 원까지 비과세혜택을 받을 수 있습니다.

이 케이스에서는 준비기간 20년을 10년 단위로 1단계, 2단계로 나누어 재무적 문제를 풀어보도록 하겠습니다.

1단계(1~10년 차)에서는 10년 동안 부부명의로 각각 월 125만 원씩 장기저축성 보험에 가입해 원금 3억 원과 장기저축 보험의 이자소득 4,000만 원으로 3억 4,000만 원을 마련합니다. 아울러 종잣돈 1억 원도 BBB+등급의 회사채에 투자하면 10년 후 원리금 포함 1억 5,000만 원을 모을 수 있습니다.

2단계인 11년~20년 사이에도 동일하게 장기저축성 보험을 동일한 조건으로 운용하면 역시 3억 4,000만 원을 모을 수 있습니다. 더하여 1단계 10년간 가입한 장기저축성 보험 만기금액 3억 4,000만 원과 종잣돈 운용 원리금

1억 5,000만 원, 총 4억 9,000만 원 중 3억 원은 국채 등 우량채권에, 나머지 1억 9,000만 원은 투자등급인 BBB+등급의 회사채로 운용할 경우, 국채 운용수익으로 6,000만 원, 회사채 운용수익으로 1억 원의 수익을 발생시킬 수 있습니다.

목표 기간인 20년간, 1단계에서 장기저축성 보험에서 3억 4,000만 원과 종잣돈 1억 원, 투자수익금 5,000만 원, 2단계에서 장기저축성 보험 3억 4,000만 원과 이 목돈을 채권에 투자하여 발생시킨 투자수익금 1억 6,000만 원을 합할 경우 9억 9,000만 원의 목돈을 만들 수 있습니다. 비교적 보수적으로 운용하는 이 투자 방식만으로도 구입 예정인 꼬마빌딩의 금액 15억 원 중 자기자금으로 9억 9,000만 원을 조달할 수 있습니다.

그래도 구입하고자 하는 꼬마빌딩의 가격이 15억 원이니까 추가 금액 5억 1,000만 원 정도가 더 필요합니다. 이 자금은 차입하거나 보증금으로 충당이 가능한 금액이기 때문에 이런 케이스에서도 계획대로 실행만 된다면 꼬마빌딩의 주인이 되는 것은 어렵지 않습니다. 더구나 적립 기간 20년 사이에 금리가 올라갈 경우 원리금이 늘어나기 때문에 그만큼 차입할 금액도 많이 줄어듭니다.

종잣돈 1억 원으로 시작하는 꼬마빌딩 구입 도전기가 처음에는 무리하게 보일지 몰라도 시간과 노력이 합쳐졌을 경우 불가능한 것만은 아니라는 것을 확인할 수 있습니다. 꾸준히, 포기하지 않고 부지런하게 도전한다면 꿈은 이루어질 것입니다.

〈기간 중 종잣돈 및 추가적립 가능액 운용표〉: 목표 10억 5,000만 원, 기간 20년

자금 원천		투자 금액	운용 내용	금액		기간	비고
				원금	이자		
1단계 (1년 ~ 10년)	종잣돈	1억 원	회사채 BBB+	1억 원	5,000만 원	10년 (1~10년)	화사채 신용 수시점검
	연간 저축 가능액	연 3,000만 원 10년 3억 원	보험사 장기성 저축보험	3억 원	4,000만 원		비과세 한도 활용 부부명의 가입
2단계 (11년 ~ 20년)	목돈 투자	4억 9,000만 원	국고채 등 (연1% 후반)	3억	6,000만 원	10년 (11~20년)	금리 상승기 적절 활용 회사채 투자 집중
			회사채 BBB+	1억 9,000만 원	1억 원		
	연간 저축 가능액	연 3,000만 10년 3억 원	보험사 장기성 저축보험	3억 원	4,000만		최저 보증이율 및 공시이율 수시확인
합계		7억 9,000만 원		8억 1,000만 원	2억 원	20년	원리금 9억 9,000만 원

* 운용상품 및 운용금리는 상황에 따라 바뀔 수 있습니다.

〈꼬마빌딩 구입자금 조달 방법 및 상환 방법〉

빌딩 가격	자기자금	부족액	부족액 조달 방법		비고
			보증금	금융대출	
15억 원	10억 3,000만 원	5억 1,000만 원	2억 원	3억 1,000만 원	금리 저렴한 1금융권 대출
코멘트	장기간의 적립 기간이 있으니 조금씩 더 절약하여 월 50만 원씩 추가 적립할 경우 20년간 적립원금만 1억 2,000만 원이 되고 이자 감안 시 1억 4,500만 원 추가로 조달 가능함				

* 구입한 꼬마빌딩에 입주하는 경우, 기존의 전세금, 보증금 등을 부족자금에 충당하면 훨씬 자금 부담이 경감됩니다.

05

공격적·준공격적 혼합 투자 전략

희망 꼬마빌딩 가격 20억 원, 준비자금 4억 원,

구입 예정 시기 10년 후, 연간 저축 가능액 5,000만 원

이 케이스는 꼬마빌딩의 가격에 비해 준비기간도 짧고, 마련된 자금도 그리 많지 않기 때문에 부득이 고위험·고수익 투자 전략으로 가야 할 것 같습니다.

높은 수익을 얻기 위해서는 당연히 높은 위험을 감수해야 하는데, 그런 투자 대상은 일반적으로 주식시장을 꼽을 수 있습니다. 물론 주식투자라해서 모든 투자가 위험하지는 않지만, 그래도 은행의 정기예금이나 국채 또는 우량회사채 등에 투자하는 것보다는 위험성이 높은 것이 사실입니다. 즉, AA

등급의 어느 특정 회사의 회사채에 투자하는 것과 그 회사의 주식을 사는 것으로 비교해볼 수 있습니다. 특정 회사의 주식을 갖고 있는 주주의 경우는 그 지분만큼 그 회사에서 주인으로서 권리행사를 할 수 있지만, 상응되는 책임도 갖게 됩니다. 물론 대주주나 특수관계인이 아닌 경우 가진 주식의 가치 한도 내에서 책임을 지는 유한책임이지만, 궁극적으로 책임을 져야 하는 입장임은 분명합니다. 반대로 동일 회사의 회사채를 갖고 있는 채권자는 그 채권에 해당하는 권리를 갖고 있을 뿐, 그 회사에 대한 책임은 일체 지지 않는다는 특징이 있습니다. 그렇기 때문에 동일 회사의 주주와 채권자는 위치도 다르고 권리와 의무도 다릅니다.

그러므로 주주가 되는 주식투자의 경우는 아무리 우량한 회사라도 어느 정도의 위험이 늘 따르게 마련입니다. 반대로 특정 회사의 주식 가치가 저평가 되었을 때를 잘 찾아서 투자하는 경우, 가치 상승으로 인한 높은 수익을 얻을 수도 있습니다. 또 회계기간 중 그 회사의 경영실적이 특출나다면 주주로서 고액의 배당을 받을 수도 있습니다. 그러나 특정 회사의 회사채를 가지고 있는 경우는 회사의 주식의 가치 상승이나, 높은 배당과 관계없이 액면에 기재된 내용의 이자만을 받는 것에 국한됩니다.

이처럼 회사채보다는 수익의 변동폭이 훨씬 큰 주식에 투자할 경우, 제대로 투자한다면 상상보다 훨씬 높은 수익을 기대할 수 있습니다. 그러나 몇 가지 주의해야 할 점이 있습니다.

첫째, 특정 주식에 투자금 모두를 몰아넣지 않습니다. 적절히 우량한 여러 주식에 분산투자를 해야 합니다.

둘째, 투자금을 모두 주식에 투자하지 않습니다. 일정 금액은 수시로 투자 자금으로 활용할 수 있게 유동성을 확보해두는 것이 좋습니다.

셋째, 정보에 현혹되어 투자하지 않습니다. 정보는 가짜 정보이거나 철 지난 정보가 많습니다.

넷째, 단기매매에 치중하지 않습니다. 단기매매는 생각을 흔들어 놓습니다.

다섯째, 주식시황판에 올인하지 않습니다. 잦은 시세 확인은 정확한 판단력을 흐리게 합니다.

여섯째, 목표수익률과 목표손해율을 정해서 목표에 도달하면 가차 없이 처분해야 합니다. 감정과 연민은 주식투자를 망하게 하는 지름길입니다.

일곱째, 불타기나 물타기는 가급적 하지 않습니다. 나의 맹신은 패배를 불러옵니다.

재무적 해결 방법으로는, 일단 꼬마빌딩 구입 시기를 10년 후로 잡았고, 금액을 20억으로 예상하고 있기 때문에 가진 돈과 적립할 수 있는 금액에 비해 필요한 자금이 많이 부족한 상황입니다. 원금손실이 발생하지 않고 목돈을 마련할 수 있는 예금과 적금 등으로는 부족한 자금을 만들어내기가 어렵기 때문에 이런 경우는 펀드나 주식투자 등에 관심을 기울일 필요가 있습니다.

두 가지 투자 방법 모두 원금손실의 위험을 내포하고 있기 때문에 투자하기 전에 많은 정보와 공부 그리고 마음수련을 해야 합니다. 가장 중요한 것은 부화뇌동하지 않는 정신적 자세를 필히 갖춰야 한다는 것입니다.

이번 케이스는 최초 5년간의 1단계 기간과 그 후 5년간의 2단계 기간으로 나누어 투자를 진행하는 것이 좋을 듯합니다.

1단계 기간(1년~5년차)에서는 연간 저축이 가능한 5,000만 원 중 수익률 연 3%의 특판 정기적금에 연간 3,000만 원씩 5년간 총 1억 5,000만 원을 적립하고 연간 15%의 수익을 목표로 하는 주식투자에 매년 2,000만 원씩 총 1억 원을 투자하기로 합니다. 이런 투자가 성공할 경우 특판 정기예금에서 원금 1억 5,000만 원에 이자 1,100만 원, 주식투자에서는 원금 1억 원에 투자수익금 약 5,000만 원을 기대할 수 있습니다. 모두 합할 경우 원금 2억 5,000만 원과 적금이자 1,100만 원, 주식투자 수익금 5,000만 원을 합쳐 총 3억 1,100만 원을 모을 수 있습니다. 아울러 종잣돈 4억 원 중 2억 원은 목표수익률 5%의 펀드에 투자하고 나머지 2억 원은 투자 적격 등급의 BBB+ 등급의 회사채에 투자하는 것으로 해봅시다.

이 투자가 정상적으로 이루어질 경우 5년 후에는 펀드투자금에서 투자원금 2억 원과 펀드 수익금 5,000만 원, BBB+ 등급의 회사채투자금에서 역시 투자원금 2억 원과 회사채 이자 5,000만 원의 합계 5억 원의 자금이 마련됩니다. 이렇게 하여 1단계 5년이 무사히 지날 경우 총 자금은 8억 1,100만 원이 됩니다.

앞에서도 언급했지만 주식은 여러 경우의 수가 발생하고, 투자하려는 주식의 내재적인 변수 외에도 외부환경 등에 의해 영향을 받는 경우가 많기 때문에 투자 과정에서 신중한 판단과 합리적이고 객관적인 결정을 내려야 합니다.

일례로 주식투자의 경우 목표수익률 및 손해를 감수할 하락률을 정하고, 해당 수치에 도달했을 때는 뒤도 돌아보지 말고 단호히 매도 처리를 해야 합니다. 여기서 목표수익률 설정은 정기예금 수익률의 3배 범위에서 책정하는 것을 권합니다. 언뜻 보면 적은 수치처럼 보이지만, 정기예금 금리가 2%라고 가정했을 경우 6%가 매도 목표수익률이기 때문에 이 성공 매도가 연간 5번만 실현되어도 연 30%의 수익을 달성할 수 있으므로 결코 적은 목표수익률이 아님을 알 수 있습니다.

펀드투자의 경우, 주식보다는 안정성에 좀 더 주안점을 두고 투자하는 것을 추천합니다. 사실 금융회사에서 판매하는 펀드의 경우, 종류가 상당히 많고 또 상품 구조도 복잡한 것들도 꽤나 많습니다.

펀드투자 시의 유의점을 간단히 설명하자면, 일단 상품구조가 정확히 이해되는 펀드를 투자 대상으로 선정해야 합니다. 단지 판매사의 이야기만 듣고 상품구조도 모르는 상태에서 투자하는 경우 낭패를 당하기 십상입니다. 특정 요소에 국한되어 수익률이 변동하는 상품은 피해야 합니다. 이를 테면 주식 종목 2~3개를 정해서 그 주식의 변동률에 따라 수익률을 연계하는 펀드는 원금손실의 위험성이 무척 큽니다. 아울러 원금손실 비율이 확정되어 있고, 원금손실의 금액이 적은 펀드에 가입해야 합니다. 물론 상대적으로 수익률이 낮을 수는 있으나, 높은 수익률을 전제로 원금손실 금액이 큰 펀드에 가입할 의사가 있는 경우 펀드투자보다는 오히려 주식투자를 권합니다.

5년간의 1단계 종료 후 2단계 5년에서는 목돈 8억 1,100만 원 중, 2억 원은 투자 적격 등급 회사채 BBB+에 투자하고, 4억 원은 5년 만기 국채나 금융채에 투자하고, 1억 원은 주식에 투자하고, 펀드에는 목표수익률을 5.5%로 하여 1억 1,100만 원을 투자하는 것을 추천합니다.

이런 투자 포트폴리오를 만드는 이유는 2단계(6년~10년차) 시점에서는 어느 정도 자금이 마련되어있기 때문에 굳이 위험 비중이 높은 공격적 투자 방식보다는 안정성 비중을 높게 두는 준공격형 투자 방식을 선택하는 것이 좋기 때문입니다.

그렇다면 2단계 기간이 종료될 경우 과연 어느 정도의 금액을 모을 수 있을까요?

- 투자등급 회사채 투자에서 원금 2억 원과 이자수익 5,000만 원(연 5% 수익률 적용)
- 국채나 금융채투자 원금 4억 원과 이자수익 4,000만 원(연 1% 후반 수익률 적용)
- 주식투자 원금 1억 원과 투자수익 5,000만 원(연 10% 수익률 적용)
- 펀드투자 원금 1억 1,100만 원과 투자수익 2,900만 원
- 정기적금 원금 2억 5,000만 원과 투자수익 1,800만 원(연 3% 수익률 적용)

투자된 모든 원금과 수익금을 합할 경우, 12억 4,800만 원의 목돈이 마련됩니다(세전 금액 기준임).

처음 이 케이스를 접했을 때는 시작부터 무리한 도전 케이스라 생각하셨겠지만, 약간의 위험을 지고 간다는 전제하에 분산투자하면서 높은 수익을

추구하는 포트폴리오를 구성할 경우, 목표 금액 20억에 약 7억 5,000만 원정도 부족한 자기자금을 확보할 수 있게 됩니다.

사실 주식투자 비중을 올리거나 주식투자 목표수익률을 좀 더 높게 잡을 경우, 만들어지는 예상 금액이 더 커질 수도 있으나 무리한 계획은 화를 자초할 가능성이 있어 나름 보수적 입장을 견지한 포트폴리오를 구성했고, 그 상태에서의 예상치입니다.

이렇게 만들어진 목돈으로 희망하는 20억 원의 꼬마빌딩을 구입할 경우 나머지 부족한 자금은 금융회사 대출과 임대보증금을 적절히 활용하면 원하는 꼬마빌딩을 품에 안을 수 있을 것입니다.

〈기간 중 종잣돈 및 추가적립 가능액 운용표〉

자금 원천		투자 금액	운용 내용	금액		기간	비고
				원금	이자·투자 수익		
1 단 계	종잣돈	4억 원	회사채 BBB+	2억 원	5,000만 원	5년 (1~5년)	회사채 목표수익률 연 5%
			펀드투자	2억 원	5,000만 원		펀드 목표수익률 연 5%
	연간 저축 가능액	연 5,000만 원 5년 2억 5,000만 원	특판 정기 적금 연 3,000만 원	1억 5,000만 원	1,100만 원		특판 정기적금 연 3%
			주식투자 연 2,000만 원	1억 원	5,000만 원		주식 목표수익률 연 15%
2 단 계	목돈 투자	8억 1,100만 원	국고채 등 (연1% 후반)	4억 원	4,000만 원	5년 (6~10년)	1단계 원리금
			회사채 BBB+	2억 원	5,000만 원		금리 상승기 적절 활용 주식목표수익율 연 10% 펀드목표수익율 연 5.5%
			주식	1억 원	5,000만 원		
			펀드	1억 1,100만 원	2,900만 원		
	연간저축 가능액	연 5,000만 원 5년 2억 5,000만 원	특판 정기적금	2억 5,000만 원	1,800만 원		고금리 특판 상품 확인 (연 3%)
합계		10억 6,100만 원		10억 6,100만 원	1억 8,700만 원	10년	원리금 12억 4,800만 원

* 운용상품 및 운용금리는 상황에 따라 바뀔 수 있습니다.
* 세전 운용수익 기준입니다.

〈꼬마빌딩 구입자금 조달 방법 및 상환 방법〉

빌딩 가격	자기자금	부족액	부족액 조달 방법		비고
			보증금	금융대출	
20억 원	12억 4,800만 원	7억 5,200만 원	3억 원	4억 5,200만 원	금리 저렴한 제1금융권 대출
코멘트	장기간의 적립 기간이 있으니 조금씩 더 절약하여 월 100만 원씩 추가 적립할 경우 10년간 적립원금만 1억 2,000만 원이 되고 이자 감안 시 1억 3,000만 원 추가 조달 가능함.				

* 구입한 꼬마빌딩에 입주하는 경우, 기존의 전세금, 보증금 등을 부족자금에 충당하면 훨씬 자금 부담이 경감됩니다.

06

초공격적·장기적 투자 전략

꼬마빌딩 가격 30억 원, 준비자금 5억 원,

구입 예정 시기 향후 20년, 연간 저축 가능액 5,000만 원

이 케이스 역시 장기 레이스에 해당하는 재테크 전략이 필요한 상황입니다. 기간 많이 남았다는 것은 재테크 전략을 다양하게 구사할 수 있다는 장점이 있는 반면, 변수가 생길 수도 있다는 불확실성이 큰 것도 사실입니다.

일단 목표 기간이 장기간이기 때문에 종잣돈을 일반 금융상품에 국한하여 운용할 것이 아니라 장기투자 상품에 투자하고 그 투자 상품이 제대로 빛을 발할 때를 기다리는 것도 좋은 방법입니다.

장기투자 상품으로는 장기국채 등이 있을 수 있으나, 대표적인 것은 징검다리 부동산투자입니다. 부동산투자라 함은 단기간에 매입매도하기도 어렵고 투자수익을 단기간에 기대하기 어려운 것이기 때문입니다. 특히 부동산투자는 어느 정도의 자금이 필요한 투자이기 때문에 종잣돈의 크기도 무척 중요합니다. 이 케이스에서는 종잣돈이 5억 원 정도 준비되어있어, 부동산투자를 하며 준비한다면 20년 후에 꿈의 꼬마빌딩을 내 것으로 만들 수 있을 것입니다.

먼저 부동산투자의 기초적인 성공 전략을 살펴보도록 하겠습니다.
첫째, 부동산은 단기투자 상품이 아니고 장기투자 상품이라는 것을 명심해야 합니다.
둘째, 어느 투자나 마찬가지로 잘생긴 부동산을 사야 합니다.
셋째, 부동산은 실수요자 입장에서 검토하고 구입해야 합니다.
넷째, 부동산투자를 할 경우 관련 세법에 대한 연구와 검토가 선행되어야 합니다.
다섯째, 부동산투자는 발품에서 시작해야 합니다.

세 번째에서 언급한 것처럼 내가 부동산의 소유자로서 실제 사용하고 수익관리를 어떻게 할 것인가에 대한 운영계획을 가진 상태에서 부동산을 보러 다녀야 합니다. 특히 단기이익을 추구할 생각으로 접근한다면 애초에 부동산투자는 포기하는 것이 현명한 방법이 될 것입니다.
상가나 전원주택지 또는 재개발, 재건축 등 실제 스스로도 활용할 수 있는 곳의 부동산에 투자하는 것이 좋습니다. 일정 시간이 지나서 완공 등이 되었을 때

되팔지 않더라도 그 상가에서 장사를 하거나 전원주택지에서 노후를 보낼 수 있고 그리고 재건축 등 새로 신축되는 주택으로 주거 이전을 기대할 수 있기 때문입니다. 그런 부동산을 전제로 한 구체적 계획이 먼저 수립되고 그에 상응되는 부동산을 찾으러 다닌다면, 눈에도 잘 들어오고 판단이 명확해질 것입니다.

임대료 등 수익성 좋은 부동산의 경우는 대출을 적극적으로 활용하여 투자하는 것도 좋습니다. 실제 임대수익이 대출이자 등을 지급하고도 금융회사 이자수익 금액보다 높고, 가치 상승 기대치까지 있다면 당연히 대출금을 투자해서라도 그런 부동산을 구매해야 합니다. 아울러 옥석을 구분하고 가치가 오를 만한 좋은 부동산을 찾아내는 것이 관건입니다.

먼저 재건축, 재개발 등을 살펴보겠습니다.

통상 재건축, 재개발이 진행되는 과정은 지자체장의 지역 기본계획 수립부터 시작합니다. 그 후의 진행은 다음과 같습니다.

〈재건축, 재개발 진행 과정〉

지역에 대한 기본계획 수립 → 안전 진단 진행 → 정비계획수립 및 구역의 지정 → 추진위원회 구성 → 조합 설립 인가 → 시공사 선정 → 사업 시행 인가 → 조합원 분양 신청 → 관리 처분계획 인가 → 이주 및 철거 → 착공 및 일반 분양 → 준공 및 입주 → 이전 고시 청산

당연히 사업 초기부터 관심을 가져야 하고, 특히 투자 시기를 언제로 할 것인가에 대한 면밀한 검토가 필요합니다. 구역 지정 단계 이전에 투자하면 사업이 완료될 때까지 기간이 오래 걸릴 가능성이 큽니다. 아울러 조합이 설립된 이후에 투자할 경우 입주권이 아닌 현금청산 대상이 되기 때문에 조합

이 구성되기 전인 추진위원회 구성 단계에서 투자를 결정하는 것이 좋습니다. 특히 주택사업이기 때문에 조합원 입주권은 1주택으로 보아 다른 주택이 있는 경우 비과세 혜택에 불이익을 받을 수도 있습니다만 조합원 자격으로 사업이 원만히 진행될 경우 시세차액이 무척 많이 발생할 가능성이 큰 투자임은 분명합니다.

이 사례에서는 20년이라는 긴 시간 후에 꼬마빌딩을 구매할 계획이 있기 때문에 사업 기간이 비교적 오래 걸리더라도 이런 주택조합 등에 투자하는 것이 좋은 방법이 됩니다. 조합원 자격을 얻을 수 있는 해당 지역의 부동산 구입가격은 부동산 소재지, 소유 부동산의 종류, 입주권의 종류 등에 따라 다릅니다. 하지만 적절한 시기에 투자만 잘한다면 통상 큰 금액의 투자수익을 얻을 수 있습니다.

20년의 기간을 2단계로 나누어 전반기 10년(1년~10년차)에는 주택조합원 자격을 얻을 수 있는 부동산 구입에 종잣돈 5억 원을 투자하고, 연간 적립금은 10년제 장기저축성 보험에 가입하는 것이 좋을 듯합니다.

월 적립액 150만 원 이하로 5년 이상 적립하고, 10년 만기형 상품의 경우는 비과세 혜택도 받을 수 있으므로 부부명의로 각각 150만 원씩 연간 3,600만 원을 적립하고, 나머지 1,400만 원은 제2금융권 특판 정기예금에 가입할 경우, 1단계 재테크 운용 기간이 끝났을 때 주택조합사업의 완료로 종잣돈 5억 원 회수와 시세차익 5억 원의 투자수익금, 10년간 장기불입한 장기저축성 보험의 원리금 4억 1,000만 원, 저축은행 등의 특판 정기적금 원리금 1억 6,100만 원의 합계인 15억 7,100만 원의 목돈이 만들어집니다.

후반기 10년(11년~20년차)에서도 부동산 경매를 통한 투자와 금융자산 활용을 적절히 혼합하여 투자할 수 있습니다. 부동산 경매투자도 매력 있는 재테크의 한 방법이고 실제 시세차익을 많이 거두고 있는데, 이 또한 경매에 대한 해박한 지식과 정보, 세심한 주의와 명확한 판단을 전제로 하는 투자임을 간과해서는 안 됩니다.

2단계에서는 9억 7,100만 원을 부동산 경매에 투자해서, 기간 중 시세차익 3억 원의 목표수익을 기대합니다. 그리고 남은 6억 원은 장기국채와 BBB+회사채 등에 투자하고, 매년 정기적으로 적립할 수 있는 5천만 원은 장기저축성 보험에 연간 3,600만 원을 투자하고 나머지 연간 1,400만 원은 저축은행 등 제2금융권 특판 정기적금에 가입할 경우, 2단계 10년(11년부터 20년까지)이 종료되는 시점에서는 원금 15억 7,100만 원과 부동산 경매 투자수익 3억 원, 국채 등 채권 투자수익 2억 4,000만 원, 장기저축성 보험 원리금 4억 1,000만 원 그리고 저축은행 등 특판 정기적금 원리금 1억 6,100만 원 등을 합친 총 26억 8,200만 원의 투자 원리금을 만들 수 있습니다.

이 케이스의 경우, 필요자금이 15억 원 단위를 넘어서기 때문에 안정적인 금융에 국한한 투자 방식으로는 한계가 있습니다. 그래서 부동산투자 등을 적절히 활용할 필요가 있는 것입니다. 물론 좀 더 공격적 투자를 원할 경우 주식이나 펀드 등의 투자 방식을 혼용할 수 있으나 투자 전선을 너무 확대할 경우 집중도가 떨어질 가능성이 있어 일정 부분 제한된 범위 내로 운용하는 것이 좋습니다.

이렇게 적극적이고 공격적인 방법의 투자 방식을 통해 목표 30억 원에 해당하는 꼬마빌딩 구입 예산에 거의 근접한 목돈을 모을 수 있습니다. 여기서도 중요한 것은 20년이라는 긴 시간의 투자 전략이기 때문에 집중도가 떨어지고, 실행의지가 약해질 수 있으므로 각별한 주의가 필요합니다.

〈기간 중 종잣돈 및 추가적립 가능액 운용표〉: 목표 27억, 기간 20년

자금 원천		투자 금액	운용 내용	금액		기간	비고
				원금	수익금		
1단계	종잣돈	5억 원	재건축 예정지	5억 원	5억 원	10년 (1~10년)	사업 추진 속도 수시 확인
	연간 저축 가능액	연 5,000만 원 10년 5억 원	장기 저축성 보험	3억 6,000만 원	5,000만 원		비과세 한도 활용 부부명의 가입 (1인 월 150만 원)
			제2금융권 특판 적금	1억 4,000만 원	2,100만 원		
2단계	목돈 투자	15억 7,100만 원	국고채 등 (연 2~5%)	6억 원	2억 4,000만 원	10년 (11~20년)	금리 상승기 적절 활용 회사채투자 집중
			부동산 경매 투자	9억 7,100만 원	3억 원		
	연간 저축 가능액	연 5,000만 원 10년 5억 원	장기 저축성 보험	3억 6,000만 원	5,000만 원		필요한 보험 담보 내용 확인
			제2금융권 특판 적금	1억 4,000만 원	2,100만 원		
합계		20억 7,100만 원		20억 7,100만 원	6억 1,100만 원	20년	원리금 26억 8,200만 원

* 운용상품 및 운용금리는 상황에 따라 바뀔 수 있습니다.
* 세전 수익 기준입니다.

〈꼬마빌딩 구입자금 조달 방법 및 상환 방법〉

빌딩 가격	자기자금	부족액	부족액 조달 방법		비고
			보증금	금융대출	
30억 원	26억 8,200만 원	3억 1,800만 원	2억 원	1억 1,800만 원	금리 저렴한 1금융권 대출
코멘트	거액의 구입 목표를 이루기 위해서는 적금 등 안전한 투자 외에 부동산 등을 활용한 투자를 적극적으로 검토하고 실행하여 목표수익률을 달성해야 함.				

* 구입한 꼬마빌딩에 입주하는 경우, 기존의 전세금, 보증금 등을
부족자금에 충당하면 훨씬 자금 부담이 경감됩니다.

투자 시 주의 사항

　이처럼 사례를 가상하여 투자 방식을 수립하고 실제 투자를 해나갈 경우, 설명에 나온 그대로 결과를 도출할 수 있을지는 확신할 수 없습니다. 경제는 살아있는 생명이고 금융환경이 수시로 변화하고, 그 외에 여러 가지 변수가 발생할 수 있기 때문입니다. 한마디로 단언할 수는 없지만 그래도 과거 20년 동안의 재테크시장의 변화와 트렌드와 방향성을 전제로 만들어낸 가설이기 때문에 결과치가 조금은 바뀔 수 있어도 비교적 목표치에 부합될 것이라 생각합니다. 또한 앞의 사례는 대표적인 몇 가지를 예시한 것이고, 투자자들의 실제 상황에 맞춰, 제공된 방법들을 적절히 활용하면 더 좋은 계획을 세울 수 있을 것입니다.

　아울러 실전 사례를 성공적으로 달성하기 위해서는 분명한 명제가 있습니다.

- 인내와 노력 그리고 의지 없이는 성공할 수 없다.

- 단기간에 성공하는 재테크는 없다.

- 중간에 포기하는 재테크 역시 성공할 수 없다.

- 실제 필요에 의해서 시작해야 간절함으로 성공 가능성이 커진다.

- 일확천금을 노리거나 단순히 시세차익을 기대하는 투기는 성공이 어렵다.

- 시작은 미약하나 꾸준히 한다면 그 결과는 창대하리라.

- 눈물 젖은 빵을 먹어보아야 성공한다.

- 노력 없는 성공은 사상누각에 불과하다.

- 천릿길도 첫걸음부터.

- 첫술에 배부르랴.

- 과정은 결과를 속이지 않는다.

- 우보천리.

  꾸준하고 지속적인 노력이 전제되어야 성공의 길로 들어설 수 있다는 이런 말들이 많이 있는 것은 분명 그런 것들을 실천해야 좋은 결과를 얻을 수 있다는 역설적 표현일 것입니다. 인내과 끈기로 '꼬마빌딩 내 것 만들기 도전'에서 챔피언벨트를 매야겠지요.

꼬마빌딩의 경우 일반 아파트나 주택과는 부동산 관련 세법이 많이 다릅니다. 또 토지나 임야하고도 차이가 큽니다.

꼬마빌딩이라는 부동산에 붙는 세금을 좀 더 효과적으로 관리하고, 세금을 적게 내는 방법을 지혜롭게 찾아내서 알뜰하게 부동산 관리를 해봅시다.

Chapter 7

꼬마빌딩 구입 후의 관리법

부동산 가진 사람들과 대화하다 보면, 아래와 같은 이야기들은 많이 듣게 됩니다.

"세금이 너무 부담되어서 힘들다."

"임대료에 부가가치세가 붙는데, 안 내는 사람도 있다더라."

"건물 팔 때 양도소득세를 줄이는 방법을 찾아야 한다."

"종합소득세를 내게 되면 건강보험료도 내야 한다."

"법인으로 하면 세금을 줄일 수 있다."

"등기 시 공동명의를 이용하는 것도 생각해봐야 한다."

맞습니다. 실제 부동산을 사게 되면 많은 세금을 부담하게 됩니다. 구입할 때는 취득세가 나오고, 보유하고 있을 때는 재산세와 종합부동산세가 나오고, 또 부동산을 처분할 때에는 양도소득세가 나옵니다.

이것은 부동산이 갖고 있는 태생적 운명일 수밖에 없습니다. 하지만 그렇다고 절세할 수 있는 방법도 모르고 가만히 앉아서 모든 세금을 다 낼 수는 없지 않겠습니까?

꼬마빌딩의 경우 일반 아파트나 주택과는 부동산 관련 세금이 많이 다릅니다. 또 토지나 임야하고도 무척 다릅니다.

꼬마빌딩이라는 부동산에 붙는 세금을 좀 더 효과적으로 관리하고, 세금을 적게 내는 방법을 지혜롭게 찾아내서 알뜰한 부동산 관리를 해봅시다.

꼬마빌딩을 구입할 때 내는 세금

부동산을 구입하거나 보유하고 있을 때 그리고 그 부동산에서 임대수익 등이 발생할 때, 시세차익을 남기고 팔 때, 해당 부동산에 대한 세금은 필연적으로 따라다닙니다.

물론, 일정한 대가를 주고 물건을 취득할 때 모든 거래에 대해 세금이 붙는 것은 아닙니다. 주식을 샀을 때 '주식을 취득'했다면서 취득세가 붙거나, 노트북, 냉장고 등 가전제품을 구입했을 때 취득세가 나오지 않는 것을 알고 계실 것입니다. 취득세가 나오는 것들은 등기등록되는 부동산, 자동차, 회원권, 선박, 항공기 등이 그 대상입니다. 꼬마빌딩은 부동산에 속하니 당연히 취득세가 나오는 것입니다.

또 보유하는 과정에서 임대수익 등이 발생하면, 그 수입에서 필요경비 등을 공제하고 남은 소득에 대해 종합소득세를 납부해야 됩니다. 이외에 보유 과정에서는 재산세라는 세목의 세금도 발생하고 또 매매 등을 통해 소유권을 넘길 경우, 양도소득세라는 피할 수 없는 부동산 세금을 내야 합니다.

그럼 이제부터 취득 시부터 양도 시까지 꼬마빌딩에 붙는 세금을 하나하나 알아보도록 하겠습니다.

취득세를 잊지 말자

가장 먼저 내는 세금은 취득세입니다. 부동산을 취득하면 지방세법에 의해 취득세를 납부하도록 되어있습니다. 취득세의 세율은 해당 부동산의 종류에 따라 달라지는데 구체적인 부동산 등의 종목별 세율을 다음 페이지의 표를 참조하면 좋습니다.

〈부동산 취득세율표(다주택 제외)〉

부동산 종류	취득 원인	구분		취득세	농어촌 특별세	지방 교육세	합계 세율
농지	매매	신규 취득		3%	0.2%	0.2%	3.4%
		2년 이상 자경		1.5%	비과세	0.1%	1.6%
		상속		2.3%	0.2%	0.06%	2.56%
주택	매매	6억 이하	85㎡ 이하	1%	비과세	0.1%	1.1%
			85㎡ 초과	1%	0.2%	0.1%	1.3%
		6억 초과 9억 이하	85㎡ 이하	2%	비과세	0.2%	2.2%
			85㎡ 초과	2%	0.2%	0.2%	2.4%
		9억 초과	85㎡ 이하	3%	비과세	0.3%	3.3%
			85㎡ 초과	3%	0.2%	0.3%	3.2%
기타 부동산		주택 외 매매		4%	0.2%	0.4%	4.6%
		원시취득, 신축, 상속		2.8%	0.2%	0.16%	3.16%
		무상취득(증여 등)		3.5%	0.2%	0.3%	4%

<부동산 취득세율(주택수별)>

구분	주택 수	취득세율		비고
개인	1주택자	주택가액에 따라 1~3%		생애 최초 구입 시 1.5억 이하 전액 감면 3억(수도권 4억)50% 감면
	구분	비조정 지역	조정 지역	
	2주택자	1~3%	8%	일시적 2주택 1~3% 적용
	3주택자	8%	12%	
	4주택자 이상	12%	12%	
법인	주택 수 관계없음	12%		
증여	주택 수 관계없음	3.5%	12%	조정지역 3억 이상 12%

표에서 보는 바와 같이 꼬마빌딩은 기타 부동산이니까 당연히 4.6%의 취득세율을 부담하지만, 꼬마빌딩의 건축면적 중에 주거용으로 보는 주택면적이 기타 다른 용도의 면적보다 클 경우에는 주택으로 보아, 주택 취득 시 적용되는 세율을 받을 수 있다는 것도 알아두면 좋습니다.

물론 단독주택을 구입해서 리모델링 계획이 있는 경우 취득시점에서는 주택이므로 주택에 해당하는 취득세율을 적용받게 됩니다.

아울러 별장이나 고급주택 또는 유흥주점 등이 있는 건물을 취득할 경우 일반 취득세의 5배에 해당되는 취득세를 부담하게 되니까 이 점도 주의해야 합니다. 특히 취득 시에는 유흥주점이 없었으나 취득 후 5년 이내에 유흥주점 등이 들어서는 경우 역시 취득세 중과세 대상이 되니 잘 알아두어야 합니다.

꼬마빌딩 구입 후의 사업자 등록

임대사업을 개시하는 경우 세무서를 방문하거나 인터넷으로 사업자 등록을 해야 합니다. 꼬마빌딩의 건물주로서 사업자 등록을 하는 경우, 해당 세무서는 부동산 소재 관할 세무서가 됩니다. 매출액에 따라 일반과세자와 간이과세자로 구분되므로 연간 예상 임대소득을 감안하여 일반과세자 또는 간이과세자를 선택해야 합니다.

사업자등록 신청 시 필요한 서류는 다음과 같습니다.

- 사업자 등록 신청서
- 대표자 신분증
- 임대차계약서 사본

사 업 자 등 록 증

(일반과세자)

등록번호 : 303-09-

상　　　호 :

성　　　명 :　　　　　　　　주민등록번호 :

개업 년월일 : 2007 년 07 월 01 일

사업장소재지 : 충청북도　충주시

사업자의주소 : 서울특별시　마포구

사업의 종류 : 업태 부동산　　　종목 임대

교 부 사 유 : 신규

공 동 사 업 자 :

email 주t

hanmail. net

2007 년　07 월　18 일

충주세무서장

아울러 사업자는 사업 개시일로부터 20일 이내에 사업장 소재 관할 세무서에 사업자 등록을 신청하는 것이 원칙입니다. 이를 어길 시 미등록 기간에 발생한 공급가액의 1%를 미등록 가산세로 부과하니 꼭 기간에 맞춰 등록을 해야 합니다.

사업자 등록 신청 전에 세금계산서를 발행하는 경우에는 우선 주민등록번호로 먼저 발행할 수 있으며, 사업자 등록 신청일로부터 20일 이내에 발행된 주민등록번호가 기재된 세금계산서에 대해서 매입세액을 공제받을 수 있습니다.

부동산 임대수익률의 계산법

일차적으로 수익을 올리고 시간이 흐르고 난 뒤 구입 당시의 가치보다 높은 가격으로 올라가기를 바라는 마음으로 꼬마빌딩을 구입한 사람이 아마 대부분일 것입니다. 그렇다면 꼬마빌딩에서 나오는 임대료가 건물 가격 및 기타 비용이 감안된 후 실제로 얼마인지 계산해보는 것도 중요한 일입니다. 임대수익률이 기준보다 높으면 향후 건물의 가치는 오르는 것이 당연하다고 볼 수 있습니다.

기본적인 부동산 임대수익률 계산법

$$\text{부동산 임대수익률(\%)} = \frac{\text{연간 임대수익(월 임대료} \times 12)}{\text{건물 구입금액} - \text{임대보증금}} \times 100$$

15억 원짜리 건물을 자기자금 12억 원, 대출 3억 원(이자율 연 4%)으로 구입하고, 해당 건물에서 임대보증금이 5억 원, 월 임대료가 200만 원씩 들어온다고 했을 경우 해당 건물의 연간 부동산 임대수익률은 2.4%가 됩니다.

$$\frac{200만 원 \times 12}{15억 원 - 5억 원} \times 100 = \frac{2,400만 원}{10억 원} \times 100 = 2.4\%$$

그러나 부동산 임대수익률을 좀 더 정확하게 산정하려면 실제 부동산을 구입할 당시 타인자본, 즉 은행대출금 등의 이자 지급분을 감안해야 하고 나아가 종합소득세를 부담하고 나서의 세후 부동산 임대수익률을 계산해봐야 합니다.

대출금 지급이자를 감안했을 경우의 임대수익률 계산법

건물 구입 금액에서 해당 건물에 들어있는 임대보증금을 제하고, 은행대출 등 타인자금으로 충당했던 금액은 제외하되, 임대수익에서 타인자금에 대한 지급이자만큼은 공제하고 계산하는 방법입니다.

$$\text{지급이자 감안 후 임대수익률(\%)} = \frac{\text{연간 임대수익(월 임대료} \times 12) - \text{연간 지급이자}}{\text{구입금액} - \text{대출금} - \text{임대보증금}} \times 100$$

앞에서 예로 든 15억 원짜리 건물[자기자금 12억 원, 대출 3억 원(이자율 연 4%)], 임대보증금 5억 원, 월 임대료 200만 원의 경우는 다음과 같습니다.

$$\frac{200\text{만 원} \times 12 - (3\text{억 원} \times 4\%)}{15\text{억 원} - 3\text{억 원} - 5\text{억 원}} = \frac{1,200\text{만 원}}{7\text{억 원}} \times 100 = 1.71\%$$

수익률은 1.71%. 즉, 지급이자를 감안하지 않았을 때보다 부동산 임대수익률이 낮아짐을 볼 수 있습니다. 이 수치가 대출이자를 감안한 정확한 임대수익률입니다.

통상 임대보증금의 월 임대료 전환율이 연 5% 수준임을 감안해서 보자면 대출이자가 연 5%보다 낮을 때는 대출을 받아 임대보증금을 반환하고, 반환한 만큼을 월 임대료로 받는 것이 유리합니다.

다시 말해 현재의 보증금 5억 원을 연이자 4%로 2억 원을 대출받아 보증금 2억 원을 줄이면 보증금은 3억 원이 되면서 월 임대료는 200만 원에서 100만 원이 늘어난 300만 원이 됩니다.

$$\text{대출로 보증금 상환 후 임대수익률} = \frac{(\text{연간 수입금액} - \text{연간 지급 대출이자})}{(\text{건물가액} - \text{임대보증금} - \text{대출금})} \times 100$$

이에 변경된 수치를 대입해 보면 아래와 같습니다.

$$\text{임대수익률} = \frac{\text{연간 임대료(300만 원)} \times 12 - \text{연간 대출이자(5억 원} \times 4\%)}{\text{건물 구입비(15억 원)} - \text{임대보증금(3억 원)} - \text{대출금(5억 원)}} \times 100$$

$$\frac{3,600만 원 - 2,000만 원}{7억 원} \times 100 = \frac{1,600만 원}{7억 원} \times 100 = 2.28\%$$

　이 계산에서 대출금을 받아 보증금을 돌려주고 월 임대료를 올려 받는 것이 유리함을 확인할 수 있습니다. 이는 다시 말해 부동산 임대시장에서의 보증금 전환율은 은행 대출이자의 높고 낮음에 따른다는 뜻입니다. 대출이자가 낮은 경우 보증금을 내리고 임대료를 더 받는 것이 유리한 것입니다.

　반대로 대출이자가 보증금 월세 전환율보다 높은 경우는 보증금을 월세로 전환했을 때 임대수익률이 낮아지게 됩니다.

　부동산 구입 시 받은 대출금에 대한 지급이자를 임대소득에서 차감했을 때 종합소득세에서 유리한지 불리한지의 계산은 조금 복잡하고 어려워 다음 기회에 설명드리도록 하겠습니다.

<단순 부동산 임대수익률과 대출금 이자 납입 후 임대수익률 비교표>

구분	건물 가격	대출금	보증금	자기 자금	연간 임대료	지급 이자	수익률
단순 계산 수익률	15억 원	3억 원	5억 원	7억 원	2,400만 원		2.4%
대출 이자 반영 수익률						1,200만 원	1.71%
추가 대출금으로 보증금 상환, 임대료 인상 시	15억 원	5억 원	3억 원	7억 원	3,600만 원	2,000만 원	2.28%

　아울러 부동산 임대수익률이 시중은행 정기예금 금리 기준으로 4배 이상인 경우 고수익 임대부동산, 3배 이상인 경우 우량 임대부동산, 2배 이상인 경우 평균 임대부동산, 그 이하인 경우 저수익 임대부동산으로 나누고 있습니다.

　당연히 고수익 임대부동산의 경우 부동산 가격이 상승하면서 부동산 임대수익률은 우량이나 평균 임대부동산으로 자리를 찾아가고, 반대로 저수익 임대부동산은 건물 가격이 내려가면서 평균 임대부동산으로 자리를 찾아가게 됩니다.

<부동산 임대수익률에 따른 임대부동산 구분>

구분	저수익	평균	우량	고수익	비고
임대수익률	연 3% 이하	3~4.5%	4.5~6%	연 6% 이상	정기예금 이자율 1.5% 적용

꼬마빌딩을 보유하는 동안 내는 세금

부동산에는 재산세가 나온다

꼬마빌딩의 소유자가 된 이상 세금으로부터 자유로워질 수는 없습니다. 일단 보유하고 있는 동안 재산세가 부과됩니다. 이외에 종합부동산세도 있는데 주택이나 주택의 부수적인 토지에 대해서 과세 대상으로 삼고 있고, 별도 합산 토지의 경우 공시가격 기준 80억 원 초과, 종합 합산 토지의 경우 공시가격 기준 5억 원 초과 대상 부동산에 대해서만 과세하고 있습니다. 규모가 작은 꼬마빌딩은 종합부동산세는 내지 않아도 됩니다.

재산세는 보유 중인 토지와 건물에 대한 세금인데, 주택의 경우 과세표준의 0.1~0.4%의 세율로 과세되고, 토지의 경우는 0.2~0.4% 세율로 과세됩니다. 매년 6월 1일 기준으로 소유자 앞으로 부과되고, 납부 시기는 건물분

〈재산세 세율표〉

구분		과세표준	세율	재산세액	누진 공제액	비고
주택		6,000만 원 이하	0.1%	6만 원	–	공정시장가액 비율 60%
		1억 5,000만 원 이하	0.15%	13만 5,000원	3만 원	
		3억 원 이하	0.25%	37만 5,000원	18만 원	
		3억 원 초과	0.4%	–	63만 원	
건축물		골프장, 고급 오락장	4%	–	–	과밀억제권역 안의 공장 신증축의 경우 5년간 1.2%
		공장용 건축물	0.5%	–	–	
		기타 건축물	0.25%	–	–	
토지	종합 합산	5,000만 원 이하	0.2%	–	–	대상 토지: 나대지 등
		1억 원 이하	0.3%	10만 원	5만 원	
		1억 원 초과	0.5%	25만 원	25만 원	
	별도 합산	2억 원 이하	0.2%	–	–	대상 토지: 사업용 토지 등
		10억 원 이하	0.3%	40만 원	20만 원	
		10억 원 초과	0.4%	280만 원	120만 원	
	분리 과세	농지, 임야 등	0.07%	–	–	대상 토지: 기타 토지
		골프장, 고급 오락장	4%	–	–	
		이외의 토지	0.2%	–	–	

*납부대상자는 매년 6월 1일 현재 소유자.
*2021년부터 2023년까지 한시적으로 제산세 특례 세율 감면이 실시되고 있음.

은 7월, 토지분은 9월입니다. 토지분의 경우 과세표준은 공시지가를 기준으로 합니다. 주택의 경우 7월과 9월 2회에 나누어 1/2씩 부과하는데, 본세가 20만 원 이하인 경우 7월에 한 번 과세됩니다. 누진공제액은 과세표준 구간에 해당하는 세율을 적용하여 계산해 세액에서 누진공제액만큼 공제해야 납부세액이 확정된다는 의미입니다. 이는 재산세 체계가 계단식으로 세율을 적용하기 때문입니다.

구체적인 재산세의 세율표 참고하시면 됩니다.

종합소득세도 내야 한다

부동산을 임대하여 수익이 발생하였을 경우 당연히 종합소득세를 납부해야 합니다. 매년 1월부터 12월까지 받은 임대료와 임대보증금에 일정 요율을 적용하여 계산한 간주임대료를 합산하여 수입금액을 확정하고, 그 기간 중 임대업을 영위하면서 발생한 필요한 경비를 공제한 나머지 금액에 대해 이듬해 5월 중에 신고, 납부해야 합니다.

즉, 종합소득세는 수입금액에서 필요경비를 공제한 후 세금을 계산하게 되는데, 부동산 임대소득자의 경우 부동산 임대사업과 직접적 연관이 있는 지출에 대해서는 필요경비로 인정하여 수익금액에서 공제를 받을 수 있습니다. 구체적인 필요경비 항목은 다음과 같습니다.

• 인건비(실적에 연동하여 지급하는 금액도 인건비로 처리됨)

- 복리후생비(직원 식대, 체력 단련비, 연수비 등)
- 접대비(사은품 구입비 등 포함)
- 광고선전비(신문, TV, 잡지, 전단지 등 포함)
- 집기비품, 사무용품, 문방구류, 도서 구입비, 인쇄비, 전산 관련 비용 등
- 여비 교통비, 숙박비(출장 식대, 차량 유지비, 대중교통비, 택시비, 기차비, 항공료 등)
- 공과금, 전기, 수도, 가스료, 전화, 광열비
- 경조사비(건당 20만 원까지 인정)
- 화재보험료 등 보험료, 협회비, 컨설팅비
- 차량 유지비(유류비, 자동차세, 보험료, 리스료 등)
- 금융이자

지출 시 가능하면, 신용카드를 사용하고 세금계산서를 반드시 받아두어야 필요경비 증빙으로 인정받아 공제받을 수 있습니다.

종합소득세를 절세하기 위해서는 위의 필요경비를 철저히 관리하는 것 외에 매입 당시에 부부 공동명의로 소유자 등기를 등록하는 것도 좋은 방법입니다. 그 외에 건물의 가치를 증대시킬 수 있는 자문이나 컨설팅을 받을 경우, 해당 수수료를 현금으로 지급하지 말고 세금계산서를 발행하거나 기타소득으로 처리하여 원천징수 후 지급하는 것도 세금을 줄이는 좋은 방법입니다. 이런저런 필요경비를 적절히 인정받고, 종합소득세의 과세표준을 확정한 후 종합소득세를 신고, 납부해야 합니다.

종합소득세는 임대소득 등이 발생한 해의 익년 5월 중에 해당 임대소득에 대해 신고 및 납부해야 하는데 종합소득세 신고 시 필요서류를 간략히 열거해보겠습니다.

- 부가가치세 신고서
- 수입·지출 관련 증빙서류(신용카드 영수증, 세금계산서, 납부서 등)
- 금융소득 연 2,000만 원 이상 발생 시 해당 소득 발생 자료
- 주민등록등본 및 사업자등록증 사본
- 기타 사업 관련 서류 등
- 세무서에서 발송한 종합소득세 안내문

일반적으로 일정 금액 이상의 부동산 임대소득 등의 종합소득이 있는 사업자의 경우 전담 세무사와 기장대리 업무를 체결하기 때문에 세금 계산이나 각종 세금 신고 업무는 납세자를 대신해서 대행처리하고 있습니다. 그러므로 종합소득세 납부 대상자는 직접 세금을 계산·신고·납부하지 않고 관련 증빙서류를 철저히 챙겨 전담 세무사에게 제출하는 것으로 세금에 대한 신고·납부 의무에서 벗어나고, 전문 세무 인력의 도움으로 절세 혜택도 볼 수 있습니다.

특히 전담 세무사와의 세금 신고 대행 계약을 체결해놓을 경우 부가가치세의 신고 및 직원에 대한 4대보험 보험료(국민연금, 건강보험, 고용보험, 산재보험) 계산도 대행해주고 있기 때문에 업무적으로 많은 편의를 받을 수 있습

니다.

전년도에 일정 금액 이상의 종합소득세가 발생하는 경우, 당해 종합소득세가 확정되기 전이라하더라도 당해년도 11월에 중간예납으로 전년도에 납부한 종합소득세액의 1/2를 납부해야 합니다.

종합소득세율에 대한 소득세율표는 다음과 같습니다.

〈종합소득 세율표〉

과세표준	세율	누진공제액
1,200만 원 이하	6%	–
1,200만 원 초과 4,600만 원 이하	15%	108만 원
4,600만 원 초과 8,800만 원 이하	24%	522만 원
8,800만 원 초과 1억 5,000만 원 이하	35%	1,490만 원
1억 5,000만 원 초과 3억 원 이하	38%	1,940만 원
3억 원 초과 5억 원 이하	40%	2,540만 원
5억 원 초과 10억 원 이하	42%	3,540만 원
10억 원 초과	45%	6,540만 원

부가가치세도 잊어선 안 된다

꼬마빌딩을 보유하면서 임대사업을 통해 임대소득이 발생할 경우, 먼저 물건 소재지 관할 세무서에 사업자등록을 해야 한다는 것을 기억하실 것입니다. 즉, 국가에 '돈 버는 일을 시작합니다.'라고 신고하는 절차이지요.

부가가치세는 1년에 두 번, 즉 1기와 2기로 나누어 계산하고 내는데 1기는 매년 1월 1일부터 6월 30일까지, 2기는 7월 1일부터 12월 31일까지의 기간입니다. 신고와 납부는 매기의 익월 25일까지입니다. 즉, 1기의 경우는 7월 25일까지, 2기의 경우는 이듬해 1월 25일까지 해야 하는 것입니다.

사업자등록을 하는 경우 일반과세사업자와 간이과세사업자로 나눠지는데, 각각의 세금에 대한 특징을 알아보도록 하겠습니다.

일반과세사업자

사업자등록증상 일반과세자는 임대료의 10%에 상당하는 부가가치세 납부의무가 생깁니다. 아울러 과세표준의 다소와 관계없이 과세되고, 해당 사업과 연관된 매입항목에서 발생한 부가가치세액을 매출세액에서 공제받을 수 있습니다. 또 임대보증금에 대한 간주임대료 적용 기준이 있어, 임대보증금액에 국세청에서 정한 일정 요율을 적용한 간주임대료를 계산하여 그 금액의 10% 해당하는 부가가치세를 합산해서 신고, 납부해야 합니다.

간이과세사업자

부동산임대업의 경우 간이과세자의 자격은 연간 과세표준이 4,800만 원 미만인 경우에 해당됩니다. 그 이상인 경우 일반과세자로 전환해야 합니다. 아울러 과세표준이 4,800만 원 미만일 경우는 납부가 면제되고, 4,800만 원 이상의 경우, 일반과세자 중 과세표준의 10%에 해당하는 세율로 부가가치세를 신고·납부합니다. 물론 매입세액 공제도 가능한데, 역시 공제세액의 금액도 매입세액에 해당하는 금액으로 공제받을 수 있습니다.

　당연히 규모가 작은 사업장의 경우는 간이과세사업자로 운용하는 것이 도
움이 되겠지요.

〈사업자 유형별 부가가치세 세율〉

사업자 유형	과세표준 구간(연간 매출 기준)	
	4,800만 원 미만	4,800만 원 이상
일반과세자	과세 10%	과세 10%
간이과세자	납부 면제	일반과세자로 전환

꼬마빌딩을 팔 때 내는 세금

양도소득세를 내야 한다

사정이 생겨 꼬마빌딩을 양도했을 때, 양도한 가격이 취득한 가격에 미치지 못 할 경우에는 당연히 양도소득이 없기 때문에 양도소득세도 없습니다. 양도한 금액이 취득한 금액보다 큰 경우에는 양도소득세 신고 및 납부 대상이 되지만 그렇다고 모두 다 대상이 되는 것은 아닙니다.

이를테면 해당 꼬마빌딩을 매입하는 과정에서 필요비용이 들어갔다던가, 또는 보유하는 동안 꼬마빌딩의 내용 연수를 증대시키거나 가치증대를 위해 불가피하게 비용이 들어갔다면, 양도수입금액에서 공제받을 수 있습니다. 단, 해당 경비를 종합소득세 계산 시 비용 처리했을 경우는 양도 시 필요경비로 인정받을 수 없게 됩니다. 그러므로 꼬마빌딩을 구입해서 보유한 경우 임대료 입금 자료는 물론 꼬마빌딩의 유지 및 관리에 들어간 각종 비용 등의 증빙을 철저히 갖춰놓는 것이 무엇보다 중요합니다.

아울러 꼬마빌딩 양도 시 양도차익에 대해 양도소득세를 내는 것은 당연하지만, 이왕이면 한 푼의 세금이라도 줄이는 것이 현명한 재테크 방법입니다. 매입가격이나 매도가격은 매매계약서상에 정확히 기재되어 있어, 그 금액으로 세금을 절약할 방법은 없고, 단지 매입에서부터 보유 그리고 양도까지 일련의 과정 중 꼬마빌딩과 관련된 필요경비를 정확히 찾아내서 양도소득세를 줄이려 노력하는 것이 무척 중요합니다. 이처럼 양도소득세를 줄일 수 있는 필요경비에 해당하는 항목은 다음과 같습니다.

- 부동산의 매입·매도 시 발생한 부동산 중개수수료
- 꼬마빌딩 매각을 위해 광고 등을 했을 경우 지출한 광고비용
- 사회 통념상 인정되는 부동산 매각을 위한 컨설팅비용
- 꼬마빌딩에 지출된 설비비, 개량비, 자본적 지출액, 감정가액
- 취득세, 국민주택채권 매각차손, 개발 부담금, 재건축 부담금, 수익 부담금 등 공과금 등

세금계산서, 납부서 등을 꼼꼼히 챙겨놓으셔서, 양도 시 불이익이 없도록 해야 합니다. 양도세 과세표준이 결정되면 아래 표의 구간별 세율을 적용하여 양도소득세를 신고·납부해야 합니다. 양도소득세의 신고 및 납부 기한은 잔금을 받을 날의 익익월 말일까지입니다. 이때까지 신고 및 납부하지 않을

경우 무신고 가산세 20%가 부과되니까 신고 기일을 지켜 불이익이 발생하지 않도록 해야 합니다. 아울러 납부세액이 1,000만 원을 초과할 경우 양도소득세를 2개월 이내에 나누어 납부할 수도 있는데, 납부세액이 2,000만 원 이하일 경우는 1,000만 원을 초과하는 금액을, 2,000만 원이 초과되는 금액일 경우는 1/2씩 나눠서 납부할 수 있습니다.

〈양도소득 세율표〉

과세표준	종합소득세율	누진공제액
1,200만 원 이하	6%	–
1,200만 원 초과 4,600만 원 이하	15%	108만 원
4,600만 원 초과 8,800만 원 이하	24%	522만 원
8,800만 원 초과 1억 5,000만 원 이하	35%	1,490만 원
1억 5,000만 원 초과 3억 원 이하	38%	1,940만 원
3억 원 초과 5억 원 이하	40%	2,540만 원
5억 원 초과 10억 원 이하	42%	3,540만 원
10억 원 초과	45%	6,540만 원

* 다주택자 등에 대해서는 양도소득세 중과세 제도가 있음.

건물을 양도할 때도 부가가치세를 내야 한다

아울러 꼬마빌딩 양도 시에도 부가가치세의 납부 의무가 발생합니다. 건물분에 대해 일반과세자일 경우는 건물가액의 10%를, 간이과세자의 경우는 4%의 부가가치세를 매출세액으로 신고·납부해야 합니다.

꼬마빌딩을 관리하며 가치 올리기

"나는 저런 빌딩을 가져볼 수 있을까?"

"언제쯤 임대료 받으면서 살아볼까?"

이런 생각을 하면서 빌딩주의 꿈을 현실에서 열심히 이루려고 노력합니다. 꿈이 있으면 길이 있다고 하듯이 이런 꿈과 로망은 얼마나 열심히 노력하고 꾸준히 진행하느냐에 따라 성패 여부가 갈라집니다.

과연 빌딩주들은, 건물주들은 어떻게 탄생하는 걸까요?

몇몇 금수저를 빼고 대부분은 부모님으로부터 건물이나 빌딩을 증여받지 못합니다. 그런데 대한민국 하늘 아래 있는 수많은 빌딩이나 건물은 주인이 있습니다. 물론 일확천금의 로또 당첨자도 있을 터이고 기발한 사업수완으로 성공한 사람도 있을 것입니다. 아니면 성공적인 주식투자를 통해서 가능했을 수도 있으며 오를 만한 부동산에 선투자해서 부동산 차익을 만들어 건물주가 된 경우도 있을 것입니다. 혹자는 인터넷, IT, BT 등 신산업의 기발한 아이디어로 대박 행운을 얻어 성공한 사례도 있겠지요.

그러나 그보다는 근검절약하고, 계획하고, 실행하고, 부지런히 발품 팔아 건물주, 빌딩주가 된 사람들이 훨씬 많다고 봅니다. 또 그런 과정을 겪으면서 건물주가 된 사람들이 오히려 건물을 잘 관리하고, 가치를 올리는 방법을 더 잘 안다고 생각합니다. 이런 사람들은 수년 이상 건물을 사야 한다는 로망과 실제로 그런 자금을 만드는 과정을 통해 이미 건물관리의 일정 부분을 사전에 공부할 수 있었을 것입니다.

그러면서 실제 건물주가 된 이후에도 "어떻게 하면 건물을 예쁘게 관리할까?", "건물을 효율적으로 유지·관리할 방법이 무엇일까?", "건물 관련인들과 소통하고 공유하는 방법이 무엇일까?", "지자체와 협업하면서 지역의 명물 건물로 만들 수는 없을까?" 등등 건물을 사랑하고 아끼는 건물주로서 늘 생각하고 접근하기 때문에 '예쁜 건물', '임차인과 상생하는 건물', '가치가 돋보이는 건물'로 충분히 만들어갈 수 있는 것입니다.

임차인과 희로애락 함께하기

세입자의 마음을 사로잡는 가장 좋은 방법은 당연히 임대료를 낮춰주는 것입니다. 그러나 그런 방법은 꼬마빌딩 건물주의 수입과 직결되는 문제이고 임대료를 낮춰줄 경우 꼬마빌딩의 수익률 저하로 이어져 오히려 건물 가격이 하락하는 상황이 될 수 있기 때문에 신중해야 합니다.

물론 코로나19처럼 국가적 경제 위기 상황이거나 해당 업종의 특이 사례 등으로 인한 문제라면 검토해볼 수 있지만 무조건적인 임대료 인하는 결코 바람직한 방법이 아닙니다.

임대료를 낮춰주는 방법이 아니라도 임차인 가정의 애경사 등에 진심을 담아 늘 함께하면서 기쁨과 슬픔을 같이 나누게 되면 쌍방 어려운 상황이 도래되더라도 대부분 대척점에 서기보다는 합심해서 문제를 해결하려는 마음이 생기게 됩니다.

저비용 리모델링에 관심 갖기

"보기도 좋은 떡이 먹기도 좋다.", "이왕이면 다홍치마." 등 겉모양이 좋아야 다른 사람에게 좋은 인상을 주고 보다 높은 평가를 받는 것은 동서고금, 남녀노소를 막론하고 통용되는 지극히 일반적인 상식입니다.

통상 꼬마빌딩을 구입하는 경우 조금 부족한 듯이 보이는 부동산, 특히 외관이 허름한 부동산이 가격면에서 조금 낮은 듯이 호가되고, 또 그렇게 형성된 가격에서 거래되는 경우가 많습니다. 이런 거래의 이면을 들여다보면, 외관이 그럴싸한 부동산은 보다 높은 가격에 호가되고 거래된다는 역설적 설명이 가능합니다.

그래서 진정한 꼬마빌딩 선수는 일부러 외관이 허름한 부동산을 보러 다니고, 가격이 맞으면 바로 구입해서 외관 리모델링 작업에 착수합니다. 이런 사업자는 리모델링 후 가격을 올려 부동산 매매차익을 실현하고 또 다른 꼬마빌딩을 찾아 나섭니다.

그러나 일반인 입장에서는 오래 보유하며 관리할 꼬마빌딩을 구입해야 하는 상황이니 그 정도로 전문적인 리모델링은 하지 않더라도(전문적인 리모델링을 하는 경우 의외로 큰 비용이 듭니다) 외관을 보기 좋을 정도로 다듬는 리모델링에는 착수하는 것이 좋습니다. 외관이 깨끗하고 수려한 경우 임차수요도 그 이전보다 훨씬 많아질 뿐 아니라, 임대료도 조금 더 높게 받을 수 있는 이점이 있기 때문입니다.

내부가 공실로 비어있는 경우, 기본적인 청소는 물론, 바닥이나 천장, 벽면 도배는 기본적으로 해놔야 임대 성공률이 올라갑니다. 일단 정리되고 깔끔한 인테리어, 아웃테리어가 되어 있어야 입점 전이나 입주 후 임차인이 자신의 사업 아이디어를 쉽게 접목시킬 수 있어, 임대차 계약으로 연결될 가능성이 높습니다. 외부도 정리되어 있지 않고 내부도 어수선하며 벽면 등이 훼손되어있으면, 임차수요가 당연히 낮아지고, 아울러 임대료 등도 높게 받을 수가 없습니다.

간단한 외관 작업을 할 경우에는 전문업체에 의뢰하는 것도 좋지만, 의외로 비용이 많이 들어가니 간단히 리모델링하는 것을 전제로 인근 수리업체 등에 자문을 구해가며 간단히 건물의 외관을 수려하게 바꿀 수 있습니다.

개인이 건물을 전면적으로 리모델링하는 경우는 많은 시행착오는 물론 일체화된 디자인을 만들어내지 못해 비용은 비용대로 들고 원하는 모양을 만들어내기 어렵기 때문에 전문 인테리어업체에 의뢰하는 것이 좋습니다.

소통하고 또 소통하기

입주자는 말 그대로 꼬마빌딩의 핵심고객입니다. 핵심고객이 불만을 느끼거나 불평을 하는 경우 그 영향은 바로 꼬마빌딩에 미치게 됩니다.

그렇다면 불평불만의 발생 원인이 무엇인지 알아보는 것이 중요합니다. 입주자의 불평불만은 꼬마빌딩에서 생활하는 데 불편함이 있기 때문입니다. 그래서 꼬마빌딩 소유자는 건물주의 입장이 아니라 꼬마빌딩 입주자의 입장에서, 그들의 눈으로 봐야 하는 것입니다.

"내가 직접 생활한다면 어떤 점이 불편할까? 혹시 무엇인가 개선할 점은 없는가?"를 꾸준히 관찰하고 살펴서 먼저 불편함을 해소하고 처리합니다. 무엇인가 불편함을 호소해서 해결하면 50점, 불편함을 호소했는데도 안 해주면 0점, 불편함을 호소하기 전에 미리 해결해주면 평가가 100점이 됩니다. 당연히 100점 꼬마빌딩 건물주가 되어야 입주자의 만족도가 올라갑니다. 이러한 만족도는 입주자의 사업 성공에도 영향을 미쳐, 그 꼬마빌딩의 이사율도 현저히 줄어들 뿐 아니라, 해당 상점의 권리금도 올라가서 차후 임대료를 올리는 데도 유리하게 작용합니다. 이런 긍정적인 요인은 건물 가격의 상승에도 영향을 미치게 됩니다.

두 번째는 관련자들과의 소통에 있습니다. 소통의 가장 효과적인 방법은 겸손함과 신속함입니다. 꼬마빌딩 건물주로서 먼저 불편함을 찾아 해결하기도 하지만 때로는 입주자들이 개별적인 불편 사항의 해결을 요구하는 일이 생기는데, 이때 절대 '갑'의 위치에서가 아니라 동등한 위치, 때론 '을'의 위치에서 겸손하고 편안하게 대화에 응해야 합니다.

실제 해줄 수 있는 일인지 검토하고 그 결과 도와줄 수 없는 사항은 그 이유를 합리적이고 타당성 있게 설명해서 동의를 구하는 절차를 꼭 거치는 것이 좋습니다. 당연히 처리해줄 수 있는 사항이라면 요구자가 놀랄 정도로 신속하게 처리해주는 태도가 필요합니다. 이런 것들이 쌓이게 되면 입주자와 건물주 사이에 무한한 신뢰 관계가 구축되고, 서로 도와주고 문제를 해결해주려는 동반자 관계로 발전하게 됩니다. 그러면 입주자는 특별한 상황이 발생하지 않는 한 계속 입주하기를 바라고, 꼬마빌딩 관리에도 긍정적인 효과가 나타납니다.

인간관계라는 것은 먼저 손을 내밀고 도와주고, 보듬어주면 무척 빠른 속도로 좋아지게 됩니다. 소통의 방법에는 SNS 등을 통해 안부 묻기, 명절에 조그만 선물 보내기, 경조사 챙겨주기, 건물 관련 공지사항의 수시 통보 등 여러 가지가 있습니다.

꼬마빌딩 관련 정보를 공유하기

통상 알려야 할 사항, 관리비 고지, 지방자치단체에서 알려주는 내용들은 물론, 꼬마빌딩 관리와 관련하여 발생하는 여러 상황 등을 공유해야 합니다. 이를테면 정화조 청소, 수도관 교체, 쓰레기 수거 방법 변경, 건물 내외부 소독, 저수조 소독, 외부인 출입 방법 변경 등 여러 가지가 있습니다.

이러한 공지 내용을 어떻게 공유하는 것이 좋을까요?

복도 등 입주자들에게 잘 보이는 곳에 안내 게시판을 설치해서 부착해놓거나 공유해야 할 내용을 서류로 작성하여 안내문 형태로 입주자에게 개별 발송하는 방법도 있습니다. 그러나 요즘은 디지털 시대, 인터넷 시대이기 때문에 이런 방법은 번잡스럽고 고전적인 방법이라고 할 수 있습니다. 디지털, 인터넷 시대에서는 사회관계 서비스망을 이용한다든가, 페이스북, 블로그, 밴드 등을 이용하여 공유하고 싶은 내용을 공지하고 또 참여자는 그 누구라도 기탄없이 의사표시를 할 수 있도록 해야 진정한 소통이 이루어집니다.

건물주가 '갑'이던 시절이 있었습니다. 건물주가 목에 힘주며 행세하던 그런 시대가 분명히 있었습니다. 그러나 최근에는 시대정신이 바뀌고, 경제 패러다임이 변화하면서 '절대갑', '수퍼갑'은 존재의 의미를 잃었습니다. 그 누구도 우월적 입장에서 일방적으로 지시하거나 일방적 손해를 강요할 수 없는 시대가 도래한 것입니다. 평등한 사회에서 상생하는 문화가 정착하고 있습니다.

이런 시대적 상황에 맞춰 건물주와 입주자가 정보를 공유할 수 있는 공간을 만들고 활용하는 일은 건물주와 입주자가 상생할 수 있는 좋은 방법의 하나입니다. 앞으로도 시대는 이런 방향으로 나아갈 것입니다.

공동공간 청결 및 시설 보수

꼬마빌딩의 관리자 입장에서는 해당 건물의 청결에 신경을 많이 써야 합니다. 해당 건물의 입주자뿐만 아니라 해당 건물을 드나드는 관계자, 고객

△△빌딩

(우)153-830 서울시 금천구 ××동 1111 △△빌딩   전화번호 : 02-891-××××
관리실장 : 홍길동(011-350-××××)

△△빌딩 :   4.2.26
수　　신 : △△빌딩 입주자 제위
제　　목 : 2020년 2월 중 △△빌딩 소식
내　　용 :

입주자 여러분의 사업이 일익 번창하심과 댁내 가정의 평화와 행복이 함께 하시기를 기원합니다.

2020년 2월 중 △△빌딩의 소식을 붙임과 같이 알려드리오니 참고하시기 바랍니다. 아울러 궁금하신 점이 있으시거나 더욱 쾌적한 빌딩환경을 위해 건의하실 의견이 있으시면 언제라도 관리실장에게 연락주시기 바랍니다.

감사합니다.

2월 중 △△빌딩 주요 소식은 다음과 같습니다.
– 복도 청결을 위하여 바닥 청소 및 왁스 작업을 마쳤습니다.
– 정기 소독을 실시하였습니다.
– 원활한 물 공급을 위해 펌프정비 작업을 완료하였습니다.

3월 초에 엘리베이터 정기안전검사를 실시할 예정입니다. 검사일이 결정되는 대로 바로 공지하여 불편을 최소화하도록 하겠습니다. 아울러 사회가 불안하여 도난 사고 등이 있다고 하니 저희 빌딩에 계시는 입주자 여러분께서도 퇴근 시 필히 잠금장치 확인등 안전조치를 취하고 퇴근해 주시기 바랍니다. 다가오는 봄날에 귀사와 가정에 행복이 항상 함께 하시길 기원합니다.

감사합니다.

건물관리 공문

등의 입장에서 화장실, 계단, 복도 등 공동공간을 수시로 청소하고 또 부착물의 탈부착 등에 관심을 가져야 합니다. 공동공간의 경우 입주자 전용공간인 만큼 관심을 두기가 쉽지 않습니다. 물론 입주자별로 공공공간을 나누어 책임 관리를 맡길 수도 있으나 이는 관리가 제대로 되지 않을 수 있고, 입주자에게 관리 소홀에 대한 책임 추궁이나 잔소리를 하게 되어 좋은 관계 유지에 도움이 되지 않습니다. 외부 청소업체를 통해 관리하면 큰돈을 들이지 않고도 큰 효과를 거둘 수 있습니다.

아울러 정기소독 등도 주기적으로 해주면 청결하고 쾌적하게 공동공간을 관리할 수 있어 입주자의 만족도는 물론, 상점과 상가를 이용하는 고객들에게도 호평받아 결국 입주자의 사업 번창에 많은 도움을 줄 수 있습니다. 수시로 공동공간의 청소 상태가 양호한지, 보수해야 할 것이 없는지 살펴보는 것도 건물주의 중요한 일입니다.

우리나라의 경우 사계절이 있고, 계절마다 특성이 있어 여름에는 집중호우나 태풍이 자주 발생하고 있습니다. 겨울에는 혹한의 날씨가 수일씩 지속되는 경우도 많습니다. 이러한 계절적 풍수해, 혹한으로 인해 피해가 발생할 경우 고장을 수리하는 동안 시설물을 일정 기간 사용할 수가 없고 경우에 따라서는 시설물이나 비품 등에 직접적인 피해가 발생할 수도 있습니다. 자연재해로 인해 실제 피해가 발생하기 전에 미리 해당 시설물의 보수, 안전진단을 받는 것도 건물관리의 중요한 부분입니다.

이외에도 화재나 지진 등의 피해도 예상할 수 있기 때문에 소방시설 등을 법령에 맞춰 철저히 준비하고, 아울러 화재보험 등에 가입하는 것도 염두에

두어야 합니다.

지인이라도 수수료는 꼭 챙겨주기

건물을 관리하다 보면 부동산중개소로부터 중개를 받고 공실에 사람을 입주시키는 일반적인 경우 외에 건물입주자 등 건물관계인으로부터 입주자를 소개받는 경우도 간혹 발생합니다. 이러면 아는 지인이라는 이유로, 또 중개업을 주업종으로 하고 있지 않다는 이유로, 고맙다는 말로 수수료를 대신하는 경우가 많이 있습니다.

그럴 경우 상대방 입장에서는 응분의 보상이 이뤄지지 않음에 내심 섭섭한 마음이 들 수 있습니다. 그간 좋은 신뢰관계를 구축해왔더라도 이런 상황이 되어 보상을 받지 못하게 되면 좋은 관계가 무너져버릴 수 있다는 것을 간과해서는 안됩니다.

비록 부동산 중개업자는 아니지만 엄연히 중개 역할을 한 사실에 대해 합당한 수수료를 지급해줌으로써 신뢰관계는 더 돈독해지고, 상대는 입주자에게도 건물주에 대해 좋게 이야기할 뿐 아니라 혹 문제가 발생했을 때 건물주 입장에서 해결하고자 하거나 최소한 중간자적 입장에서 처리하게 됩니다. 반대의 경우는 당연히 건물주의 반대편 입장에 서는 것이 불 보듯 명확합니다.

세상에 공짜는 없고, 먼저 잘해줘서 손해 볼 일 없고, 화를 먼저 내서 도움 받을 일 없다는 것은 진리입니다.

공유공간으로부터 멋진 꼬마빌딩이 재탄생

새로운 시대의 패러다임은 '공유'입니다. 과거에는 내 것, 내 소유, 내 전유물 등에 대한 관심과 애착의 시대였습니다. 그러다 보니 내 집, 내 차, 내 가구 등 나의 소유를 이루는 로망이 대세였습니다. 그러나 시대는 변했고, 내 것이라는 개념이 퇴색하고 있습니다.

내 것이라는 것을 만들기 위해서는 많은 비용을 지불해야 합니다. 더구나 최근에는 많은 것을 경험해 보고 싶어하는 시대로 바뀌고 있는데 이 모든 것을 위해 내것으로 만들어 경험하기에는 너무 많은 비용이 들게 됩니다. 그러다 보니 제한된 가용자금으로 많은 것을 경험할 수 없고, 많은 것을 해보고 싶은 욕구는 있지만 이루지 못하고 끝나는 경우가 대부분입니다.

자동차를 예로 들어보겠습니다. 과거에는 내 차를 소유해야 그 차를 사용하고 타고 다닐 수 있었습니다. 그러다 보니 차를 내 것으로 만드는데 큰 비용을 지불해야 했습니다. 다른 차를 타보고 싶어도 또 소유하기에는 비용 부담이 너무 크고, 좋은 차를 타고 싶어도 역시 비용이 만만치 않게 들어가기 때문에 포기할 수밖에 없었던 것입니다.

그러나 MZ세대의 인식은 많이 바뀌었습니다. 내 것이라는 소유에 만족하는 삶이 아니고 많은 것을 경험하는데 주안점을 두는 삶을 추구합니다. 이것이 바로 공유의 개념입니다.

이러한 공유사회가 정착되어가는 가장 큰 이유는 경제적 풍요로움입니다. 사회가 경제적으로 어느 정도 안정이 되어가니까 공유에 대한 인프라를 구축할 수 있고, 이를 바탕으로 젊은 세대는 인프라를 적절히 활용하면서 여러 가지를 경험하는 삶을 추구하게 되었습니다. 공유경제는 내 것이라는 이념을 포기하면 더 많은 기회를 얻을 수 있고, 더 많은 경험을 할 수 있고, 미래에 대한 도전을 할 수 있다는 장점이 있는 것입니다.

앞으로의 시대가 이런 방향으로 진행되고 있기에 꼬마빌딩 소유주도 이러한 방향성에 동승해야 건물입주자들로부터 호응을 받을 수 있고, 나아가 건물의 가치를 올릴 수 있습니다.

건물에 공유경제를 도입하는 방법에는 전체 건물 중 일정한 공간을 확보하여 건물 특성과 어울리고 입주자의 욕구에 알맞는 시설을 설치한 후 건물입주자들이 공동으로 사용할 수 있도록 배려하는 것이 있습니다. 옥상에 스카이뷰 정원을 설치하여 다 같이 활용할 수 있게 하거나 바비큐장을 만들어 활용하는 방법도 있을 수 있습니다. 지하에는 휴식용 카페 공간이나 미팅룸, 또는 오디오 감상실(헤드폰으로 각자 듣고 싶은 음악 선곡하는 방식)을 설치하여 공동으로 사용하는 것도 공유경제를 건물에 접목시키는 좋은 방법이 될 수 있습니다.

앞으로는 어느 사업이나 어느 분야에도 창의적인 공유경제에 대한 아이디어가 필요한 시대가 곧 다가올 것입니다. 먼저 준비하는 꼬마빌딩 건물주가 되는 것, 멋진 일이고 신나는 일일 것입니다.

'꼬마빌딩' 건물주 되기 흐름표

꼬마빌딩 건물주에의 진정한 로망 찾기

나는 왜 건물주가 되어야 하는지 목표 세우기

나의 재테크 실력 테스트

재테크 성공을 위한 필요한 지식과 자세를 내 몸에 담기

종잣돈 모으기 시작

근검, 절약, 강인한 인내력으로 돈 모으기

장기 계획 수립

수입, 지출, 목표 금액에 맞는 정확한 계획 세우기

자금 마련을 위한 꾸준한 도전과 실천

과정은 결과를 속이지 않는다. 계속 나아가기

건축물 실물 확인

발품 팔면서 마음에 들고 활용도 높은 건물 찾기

'꼬마빌딩' 건물주의 탄생

설렘은 뒤로, 취득세, 보유세, 양도세 숙지

건물주로서의 업무 개시

훌륭하고 멋진 꼬마빌딩 만들어가기

부동산/재테크/창업

장인석 지음 | 17,500원
348쪽 | 152×224mm

롱텀 부동산 투자 58가지

이 책은 현재의 내 자금 규모로, 어떤 위치의 부동산을 언제 살 것인가에 대한 탁월한 분석을 펼쳐 보여 준다. 월세탈출, 전세탈출, 무주택자탈출을 꿈꾸는, 건물주가 되고 싶고, 꼬박꼬박 월세 받으며 여유로운 노후를 보내고 싶은 사람들을 위한 확실한 부동산 투자 지침서가 되기에 충분하다. 이 책은 실질금리 마이너스 시대를 사는 부동산 실수요자, 투자자 모두에게 현실적인 투자 원칙을 수립할 수 있도록 해줄 뿐 아니라 실제 구매와 투자에 있어서도 참고할 정보가 많다.

나창근 지음 | 15,000원
302쪽 | 152×224mm

나의 꿈, 꼬마빌딩 건물주 되기

'조물주 위에 건물주'라는 유행어가 있듯이 건물주는 누구나 한 번은 품어보는 달콤한 꿈이다. 자금이 없으면 건물주는 영원한 꿈일까? 저자는 현재와 미래의 부동산 흐름을 읽을 줄 아는 안목과 자기 자금력에 맞춘 전략, 꼬마빌딩을 관리할 줄 아는 노하우만 있으면 부족한 자금을 충분히 상쇄할 수 있다고 주장한다. 또한 액수별 투자전략과 빌딩 관리 노하우 그리고 건물주가 알아야 할 부동산지식을 알기 쉽게 설명한다.

박갑현 지음 | 14,500원
264쪽 | 152×224mm

월급쟁이들은 경매가 답이다
1,000만 원으로 시작해서 연금처럼 월급받는 투자 노하우

경매에 처음 도전하는 직장인의 눈높이에서 부동산 경매의 모든 것을 알기 쉽게 풀어낸다. 일상생활에서 부동산에 대한 감각을 기를 수 있는 방법에서부터 경매용어와 절차를 이해하기 쉽게 설명하며 각 과정에서 꼭 알아야 할 중요사항들을 살펴본다. 경매 종목 또한 주택, 업무용 부동산, 상가로 분류하여 각 종목별 장단점, '주택임대차보호법' 등 경매와 관련되어 파악하고 있어야 할 사항들도 꼼꼼하게 짚어준다.

나창근 지음 | 17,000원
332쪽 | 152×224mm

초저금리 시대에도 꼬박꼬박 월세 나오는
수익형 부동산

현재 (주)기림이엔씨 부설 리치부동산연구소 대표이사로 재직하고 있으며 [부동산TV], [MBN], [한국경제TV], [KBS] 등 방송에서 알기 쉬운 눈높이 설명으로 호평을 받은 저자는 부동산 트렌드의 변화와 흐름을 짚어주며 수익형 부동산의 종류별 특성과 투자노하우를 소개한다. 여유자금이 부족한 투자자도 전략적으로 투자할 수 있는 혜안을 얻을 수 있을 것이다.

주식/금융투자

북오션의 주식/금융 투자부문의 도서에서 독자들은 주식투자 입문부터 실전 전문투자, 암호화폐 등 최신의 투자흐름까지 폭넓게 선택할 수 있습니다.

박병창 지음 | 19,000원
360쪽 | 172×235mm

주식투자
기본도 모르고 할 뻔했다

코로나 19로 경기가 위축되는데도 불구하고 저금리 기조가 계속되자 시중에 풀린 돈이 주식시장으로 몰리고 있다. 때 아닌 활황을 맞은 주식시장에 너나없이 뛰어들고 있는데, 과연 이들은 기본은 알고 있는 것일까? '삼프로TV', '쏠쏠TV'의 박병창 트레이더는 '기본 원칙' 없이 시작하는 주식 투자는 결국 손실로 이어짐을 잘 알고 있기에 이 책을 써야만 했다.

유지윤 지음 | 25,000원
312쪽 | 172×235mm

하루 만에 수익 내는
데이트레이딩 3대 타법

주식 투자를 한다고 하면 다들 장기 투자나 가치 투자를 말하지만, 장기 투자와 다르게 단기 투자, 그중 데이트레이딩은 개인도 충분히 가능하다. 물론 쉽지는 않다. 꾸준한 노력과 연습이 있어야 한다. 하지만 가능하다는 것이 중요하고, 매일 수익을 낼 수 있다는 것이 중요하다. 그 방법을 이 책이 알려준다.

최기운 지음 | 18,000원
424쪽 | 172×245mm

10만원으로 시작하는
주식투자

4차산업혁명 시대를 선도하는 기업의 주식은 어떤 것들이 있을까? 이제 이 책을 통해 초보투자자들은 기본적이고 다양한 기술적 분석을 익히고 그것을 바탕으로 향후 성장 유망한 기업에 투자할 수 있는 밝은 눈을 가진 성공한 가치투자자가 될 수 있다. 조금 더 지름길로 가고 싶다면 저자가 친절하게 가이드 해준 몇몇 기업을 눈여겨보아도 좋다.

박병창 지음 | 18,000원
288쪽 | 172×235mm

현명한 당신의
주식투자 교과서

경력 23년차 트레이더이자 한때 스패큐라는 아이디로 주식투자 교육 전문가로 불리기도 한 저자는 "기본만으로 성공할 수 없지만, 기본 없이는 절대 성공할 수 없다"고 하며, 우리가 모르는 '기본'을 설명한다. 아마도 이 책을 보고 나면 '내가 이것도 몰랐다니' 하는 감탄사가 입에서 나올지도 모른다. 저자가 말해주는 세 가지 기본만 알면 어떤 상황에서도 주식투자를 할 수 있다.

최기운 지음 | 18,000원
300쪽 | 172×235mm

동학 개미
주식 열공

〈순매매 교차 투자법〉은 단순하다. 주가에 가장 큰 영향을 미치는 사람의 심리가 차트에 드러난 것을 보고 매매하기 때문이다. 머뭇거리는 개인 투자자와 냉철한 외국인 투자자의 순매매 동향이 교차하는 곳을 매매 시점으로 보고 판단하면 매우 높은 확률로 이익을 실현할 수 있다.

곽호열 지음 | 19,000원
244쪽 | 188×254mm

초보자를 실전 고수로 만드는
주가차트 완전정복

이 책은 주식 전문 블로그 〈달공이의 주식투자 노하우〉의 운영자 곽호열이 예리한 분석력과 세심한 코치로 입문하는 사람은 물론 중급자들이 놓치기 쉬운 기술적 분석을 다양하게 선보인다. 상승이 예상되는 관심 종목 분석과 차트를 통한 매수매도타이밍 포착, 수익과 손실에 따른 리스크 관리 및 대응방법 등 주식시장에서 이기는 노하우와 차트기술에 대해 안내한다.

유지윤 지음 | 18,000원
264쪽 | 172×235mm

누구나 주식투자로
3개월에 1000만원 벌 수 있다

주식시장에서 은근슬쩍 돈을 버는 사람들이 있다. '3개월에 1000만 원' 정도를 목표로 정하고, 자신만의 투자법을 착실히 지키는 사람들이다. 3개월에 1000만 원이면 웬만한 사람들 월급이다. 대박을 노리지 않고, 딱 3개월에 1000만 원만 목표로 삼고, 그것에 맞는 투자 원칙만 지키면 가능하다. 이렇게 1000만 원을 벌고 나서 다음 단계로 점프해도 늦지 않는다.

근투생 김민후(김달호) 지음
16,000원 | 224쪽
172×235mm

삼성전자 주식을 알면
주식 투자의 길이 보인다

인기 유튜브 '근투생'의 주린이를 위한 투자 노하우. 국내 최초로 삼성전자 주식을 입체분석한 책이다. 삼성전자 주식은 이른바 '국민주식'이 되었다. 매년 꾸준히 놀라운 이익을 내고 있으며, 변화가 적고 꾸준히 상승할 것이라는 예상이 있기에, 이 책에서는 삼성전자 주식을 모델로 초보 투자자가 알아야 할 거의 모든 것을 설명한다.

금융의정석 지음 | 16,000원
232쪽 | 152×224mm

슬기로운 금융생활

직장인이 부자가 될 방법은 월급을 가지고 효율적으로 소비하고, 알뜰히 저축해서, 가성비 높은 투자를 하는 것뿐이다. 그 기반이 되는 것이 금융 지식이다. 금융 지식을 전달함으로써 개설 8개월 만에 10만 구독자를 달성하고 지금도 아낌없이 자신의 노하우를 나누어주고 있는 크리에이터 '금융의정석'이 영상으로는 자세히 전달할 수 없었던 이야기들을 이 책에 담았다.

최기운 지음 | 18,000원
252쪽 | 170×224mm

주식 투자의 정석

은행 예금으로 노후를 대비할 수 없는 저금리 시대에서는 단순한 급여 저축만으로는 미래를 설계할 수 없다. 이런 이유로 많은 개인투자자가 재테크를 위해 투자를 시작한다. 이 책은 새로운 개인투자자로 거듭나기 위한 구체적인 방법과 노하우를 제시한다. 과거 증시에서 개인투자자가 왜 투자에 성공할 수 없었는지 원인을 분석해 투자에 실패하는 가능성을 줄이고자 했다.